本书获复旦大学社会发展与公共政策学院科研发展基金资助

编委会（以姓氏拼音为序）
  顾东辉　郭有德　胡安宁　梁　鸿　刘　欣　纳日碧力戈
  彭希哲　孙时进　王　丰　王桂新　周　怡

社会转型与社会治理论丛
主编 刘 欣

# 不确定条件下的风险认知与决策

RISK PERCEPTION
AND DECISION-MAKING
UNDER UNCERTAINTY

高山川 著

社会科学文献出版社
SOCIAL SCIENCES ACADEMIC PRESS (CHINA)

# 序

"幸运绝非偶然",著名的社会心理学家阿伦森在回顾自己的学术生涯时发出了这样的感叹。在事业上有所成就看似偶然,实则蕴含着必然性。阿伦森出生于一个家道中落的贫困家庭,他从小显得资质平平且木讷,不如哥哥那般机敏、受人欢迎。为人厚道的父亲因为经商失败而失意潦倒,后来又罹患绝症,临终前非常担忧阿伦森(即将高中毕业)将来能否找到一份赖以谋生的工作。出人意料的是,十年之后阿伦森就从斯坦福大学获得了博士学位并进入哈佛大学任教,后来又先后任职于多所知名高校,并成为20世纪最有名望的社会心理学家之一。阿伦森不仅没有像父亲忧虑的那样连养活自己都成问题,反而事业有成、家庭美满。在求学过程中,阿伦森先后师从马斯洛、麦克莱兰和费斯汀格等知名心理学家,似乎时来运转,格外受命运女神青睐。不过,阿伦森(2012)在自传中详细分析了一路走来的历程,最终得出结论:成功"不只是偶然"(not by chance alone),根本上还是离不开自己对人生目标的热爱和努力追求。阿伦森的故事不禁引人思考:我们该如何应对外部环境的不确定性甚至是恶劣的条件,在努力拼搏的过程中如何才能平和地看待得与失。

人类对预测未来及取舍的关注有着漫长的过去,但真正开展科学的研究只有短暂的历史。启蒙时期的数学家尝试通过数学运算给出有关未来的概率性判断。可惜,万事万物中的大多数是很难量化的,即使可以量化,世界运行如此错综复杂,也未必能样样考虑周全。从命运决定论到科学决定论,尽管有所进步,但在层出不穷的意外面前,人们不得不逐渐接受这样一个苦涩的事实:我们希望一切按计划进行或防患于未然,但未来终究是无法预测的。于是,决策问题上升为哲学上的思辨,诸如怎样认识事物之间的因果关系、必然性与偶然性何者影响更大等。随着统计学革命性地横扫了科学研究的几乎所有疆域，学者采用各种参数来描述环境的分布，通过日益复杂的方法探求事物之间的关系以及各种因素的作用，一切仍然是概率性的，但人们往往以为是确定无疑的。

实际上，阿伦森并未完全否认机遇带来的改变。如果不是因为家里缺钱，需要奖学金，他不会进入一所当时还不太有名的大学，跟很多懵懂的新生一样，他也不知道自己将来要做什么；如果不是陪刚结识的女友偶然旁听了一次马斯洛的课，他也不会想到要学心理学。大学快毕业了，阿伦森仍然没有去向，此时如果不是任教于另外一所大学的麦克莱兰突然急需一名研究生助理，而且贴在马斯洛办公室门口的广告恰巧被阿伦森的新女友看到，他不会跟随麦克莱兰开始成就动机的研究。当麦克莱兰准备前往哈佛大学任教时，希望学些新东西的阿伦森没有继续跟随导师的脚步，而是选择去往遥远的西海岸，攻读斯坦福大学的博士学位；尽管是朋友推荐的，但前路充满了未知与不确定性。在陌生的环境里，阿伦森担心自己会因为表现不好而辍学，但在强烈的兴趣驱使下，他还是坚持选修了以严苛著称的费斯汀格的课，从此找到了自己最喜欢的研究领域并孜孜不倦地进行了毕生的探索。

可见，即使在像人生发展这种充满复杂性和不确定性的领域，也没有必要杞人忧天，保持心灵的开放性，积累实力，就可能做到以不变应万变。偶然与意外不一定是消极的，反而可能给人生带来新的机遇，甚至有时人们还需要主动寻求偶然性、创造机会以打破发展瓶颈。本书正是希望直面现实环境的不确定性，广泛探讨各种重要的决策问题，从医疗、金钱、消费决策到社会两难的博弈等。

本书的作者高山川对决策研究的兴趣始于对有关生涯选择问题的关注，然后逐步深入一般的决策研究领域。本书基于生态理性的视角进行选材与写作，倡导的是人们真正利用的快速节俭启发式，注重介绍生态理性学派的最新研究进展，在人工智能（AI）备受关注的背景下，还特别增加了有关算法与人类决策比较以及人机协作的内容，并引进了"心理学 AI"（心理学如何为算法的设计赋能）的概念，这些都是本书的新意所在，值得向读者推荐。吉仁泽等（Gigerenzer et al., 2011）倡导的生态理性学派并不赞同以卡尼曼（Kahneman, 2011/2012）为首的认知偏差学派对启发式持有的消极看法，对理查德·泰勒和卡斯·桑斯坦（Thaler & Sunstein, 2009/2018）等人提出的"助推"措施背后的非理性假设也提出了质疑。本书对相关争议进行了展示和探讨，力求让读者在全面了解不同观点的基础上形成自己的看法，还展望了未来如何在数字化环境下个性化地促进人类决策的研究方向。本书引用了丰富的实证研究成果，作者尽可能用简洁易懂的语言进行阐述、总结与评价，既体现了专业性，又具有现实参考价值，无论是专业人士还是对风险认知和决策感兴趣的普通读者都能有所收获。

本书的完成得益于复旦大学开放、包容的学术环境，在这里，跨学科、跨领域的交流与合作一直受到提倡，这样的环境有利于创新思维的产生和发展，希望读者也能体会到求真求知的快乐。

孙时进
复旦大学社会发展与公共政策学院教授

# 前　言

　　不确定性意味着未来永远不同于过去、难以预测。从古至今，从东方到西方，人类一直不甘心接受外部环境的摆布，总是希望能预知祸福、做好准备，所以各种预言类的书充满了神秘的吸引力，甚至有的人热衷于算命等活动，时间旅行、穿越回过去的故事才会如此流行。相比过往，如今的预测技术已经有了长足的进步，进入人工智能飞速发展的时代，大数据和算法显得更懂人心，智能机器似乎即将成为"拉普拉斯"超级神灵的化身，无所不知，一切尽在掌握。同时，尽管科技在发展，社会的风险却未见减少，甚至突发状况越来越多。在这样的背景下，人该如何应对不确定性？是寄希望于窥探天意的推演系统，还是依赖有强大统计功能的复杂模型？

　　人们对预测未来的关注有着非常古老的起源。现实已经表明，希望"贿赂"天神以保佑自己是靠不住的，无论用多么厚重的祭品。同时，凡是封闭的推演系统，都忽视了未来的不确定性，试图预知一切也是徒劳的。那么，基于大量信息和计算的复杂模型是否能够帮助人类彻底消除各种危机或风险？是否只要我们愿意出让一切隐私数据，就可以在算法的安排下生活得井然有序？当人对那种基于有限的随机生成系统的推演感到失望时，难免会走向另一个极端，即无限扩大信息的规模并提取出规律和模式。不过，本书想要提醒读者，既然应对的是不确定的世界，就不妨持更开放的心态，以强烈的探索和学习精神去认知环境并不断地改进决策，这其实就是贝叶斯的思想，或者说"实践出真知"。

　　决策是多学科关注的领域，从数学、经济学、心理学、计算机科学、神经科学到生物学等都在进行研究。本书聚焦于不确定情境,旨在介绍近年来心理学家有关风险认知与决策的前沿进展,为此精心选取了笔者认为最重要的一些主题加以探讨,当然,由于时间、精力有限,难免挂一漏万。

第一章初步梳理了与风险有关的多种概念,强调风险一词有多重含义,而不确定性是比风险情境更极端的信息匮乏状况。对于决策的三要素,笔者详细介绍了其中最重要的关于概率的三种解释,从古典概率、频率到主观概率,旨在提醒读者注意,对概率理解有误是导致风险认知和风险沟通出现问题的一大原因。关于决策的策略,本章重点介绍的是快速节俭启发式,它们并非容易导致偏差的非理性策略,而是适用于不同情境的有效工具,可以帮助人类应对未知环境的挑战,利用他人的经验,与他人进行互动或博弈。

第二章梳理了历史上有关理性的不同观点,指出有限理性不代表理性有缺陷,而是指有条件的理性,呈现了对"启发式-偏差"学派的主要批评,这些反对的声音以往备受忽视,却值得引起更多的关注。本章还重点介绍了有限理性观的真正继承者——生态理性观。生态理性观提倡探索不确定的环境,充分利用环境中的可得线索进行推断,对人类的聪明才智和适应能力充满信心。

第三章详细介绍了如何用贝叶斯推理对概率信息进行更新进而合理认知风险,以及如何通过人类容易加工的信息格式(频率或图形辅助)简化贝叶斯推理的过程,也介绍了测量风险认知能力和风险偏好的多种工具或方法。本章还仔细梳理了平时使用时容易混淆的风险偏好、风险态度以及冒险行为等不同概念,它们是理解人的风险认知和选择偏好的重要基础。

第四章介绍了近年来备受瞩目的基于经验的决策研究范式,呈现了它与由"启发式-偏差"学派引领而流行开来的基于描述信息的研究之间的区别,强调应回归重视人对环境的探索、学习及进步过程的心理学实验传统,这样才能真正呈现人类的理性水平。本章还探讨了积极或消极的先前经验对后续决策的影响,以及在不同程度上偏离真实经验的描述信息将如何接受现实的检验。

第五章介绍了新兴的风险-回报启发式,它与人对不确定环境的认知特别相关，解决了困扰传统研究者多年的一个问题，即人如何推测选项后果的实现概率。这种策略抓住了风险与回报之间的紧密关系，既可以被用来从已知的回报的大小推测未知的风险的大小，也可以反过来从风险的大小推测回报的大小。本章还详细介绍了竞争性生态理论，该理论借鉴了行为生态学的研究成果，旨在描述和分析风险与回报关系形成的环境条件，不仅关注环境中的资源分布，还关注不同能力的竞争者对资源的争夺情况，有助于深刻理解不同情境下利用风险-回报启发式的生态理性。

第六章聚焦于经济学家和心理学家均十分关注的跨期决策问题，即更有吸引力的结果在当下无法实现、需要延迟获得时人会表现出怎样的时间偏好，在此种情境下，等待就意味着风险。本章介绍了时间折扣的常见研究方法及其测量指标，同时梳理了有关跨期决策（包括风险跨期决策）的多种数学模型，也通过介绍各种"异象"提醒读者，试图得出一个通用的模型以拟合所有选择只是可望而不可即的目标，因为现实情境的变化要求人灵活应对，对近期或远期选项的偏好发生反转可能恰恰是适应性的反应。基于此，本章也尝试澄清一些流行的误解，指出不能延迟满足不一定反映了人的冲动性或非理性，还强调了对不同冲动性进行细分的必要性。

第七章关注的是一种极为简单却又蕴含着丰富社会意义的策略即默认启发式，介绍了备受瞩目的默认效应及其心理机制，还探讨了通过设置默认选项引导人选择的伦理风险。本章以默认启发式为典型样本，再次比较了在不同理性观指导下的研究差异（一种是基于非理性观的助推取向，另一种是从生态理性的角度去审视遵从隐含的推荐选项或社会规范的适应性价值），提醒未来研究可更多地关注社会互动过程中的意义建构与行为信号的传递。本章还围绕默认启发式介绍了最新的有关自我助推和数字化助推的观点，亦可供研究其他的策略参考。

第八章回顾了算法决策与人类决策之间长期存在的竞赛和争议，然后重点介绍了有关算法决策的准确性、算法决策错误、算法厌恶等新兴的研究热点议题，引进了"心理学AI"的新概念，同时，梳理了影响人与智能机器之间信任与合作的多种因素，从拟人化外表、情绪反应到伦理设计，还特别探讨了研发智能机器时更应当关注道德两难还是常识的问题。

决策的研究成果可谓丰富多彩，本书并不追求全面，而是相信少反而更好（"less is more"）。本书引用的许多实证研究文献在研究生课程的教学过程中进行过报告和讨论，在此特别感谢复旦大学的应用心理学专业硕士项目和参与过的各位同学，尽管研读文献的过程很辛苦，但师生均获益匪浅，同时特别感谢社会发展与公共政策学院对本书出版的大力支持。

# 目 录

**第一章 风险、不确定性与决策** ........................................... 1
  第一节 风险的多重含义 .............................................. 1
    一 何谓风险 ..................................................... 1
    二 风险认知的重要性 ............................................. 2
    三 与风险有关的其他概念 ......................................... 3
  第二节 决策的三要素 ................................................ 4
    一 选项 ......................................................... 4
    二 效用 ......................................................... 5
    三 概率 ......................................................... 6
  第三节 不确定性 .................................................... 12
    一 不同来源的不确定性 .......................................... 12
    二 不同程度的不确定性 .......................................... 13
    三 人对不确定环境的适应 ........................................ 14
  第四节 决策的策略 .................................................. 16
    一 预期价值最大化 .............................................. 16
    二 预期效用最大化 .............................................. 17
    三 快速节俭启发式 .............................................. 19

**第二章 理性观的变迁** ................................................. 27
  第一节 从无限理性到有限理性 ........................................ 27
    一 人的认知能力有限 ............................................ 29

二　关于环境的知识有限 …… 29
　　　三　对理性的界定 …… 30
　　　四　满意化策略 …… 31
　第二节　非理性与认知偏差 …… 32
　　　一　潜意识的驱力 …… 32
　　　二　认知偏差 …… 34
　　　三　基于非理性假设的助推 …… 39
　第三节　生态理性 …… 41
　　　一　环境线索的搜索与利用 …… 42
　　　二　对应性标准 …… 44
　　　三　社会理性 …… 45
　　　四　认知局限的适应功能 …… 46

第三章　风险认知与风险偏好 …… 49
　第一节　风险认知的方法和能力 …… 49
　　　一　贝叶斯推理与概率的表征形式 …… 50
　　　二　虚报与漏报的错误率 …… 53
　　　三　相对风险与绝对风险 …… 54
　　　四　风险认知能力及其测量 …… 56
　第二节　风险偏好与风险态度 …… 58
　　　一　收益与损失情境下的风险偏好 …… 59
　　　二　风险态度 …… 60
　　　三　一般性的风险偏好 …… 62
　　　四　对风险的情绪反应 …… 62
　　　五　损失厌恶 …… 63
　　　六　相对风险与变异系数 …… 65

第四章　基于经验的决策 …… 67
　第一节　基于经验与基于描述的决策差距 …… 67
　　　一　信息获取的两条渠道 …… 67
　　　二　描述-经验差距 …… 69
　　　三　积极经验与消极经验 …… 74

  第二节 描述与经验的整合 ·········································· 76
    一 描述偏离经验的程度 ······································ 76
    二 描述信息来源的可信度 ···································· 77
    三 警示时机与先前经验 ······································ 78

第五章 风险-回报启发式 ············································ 80
  第一节 利用风险与回报的关系做推断 ·························· 80
    一 风险与回报的关系 ········································ 80
    二 从回报推测风险 ·········································· 81
    三 从风险推测回报 ·········································· 83
    四 风险与回报关系的习得 ···································· 83
  第二节 竞争性生态理论 ·········································· 85
    一 有限的资源与竞争者的分布 ································ 85
    二 风险与回报关系成立的边界条件 ···························· 85
  第三节 风险认知反映环境结构 ···································· 87
    一 博彩情境下的概率估计 ···································· 87
    二 环境条件变化时的概率估计 ································ 87

第六章 跨期决策 ···················································· 90
  第一节 延迟后果的时间折扣 ······································ 90
    一 时间折扣的数学模型 ······································ 91
    二 模型及其参数的检验 ······································ 94
    三 时间折扣的测量方法 ······································ 95
    四 时间折扣的指标 ·········································· 97
  第二节 不同的折扣与冲动性 ······································ 99
    一 时间折扣与概率折扣 ······································ 99
    二 区分不同的冲动性 ······································ 100
    三 时间观念的差异 ········································ 102
  第三节 风险跨期决策 ·········································· 103
    一 回报、时间及风险的权衡 ································ 104
    二 选项比较模型 ·········································· 105
    三 属性比较模型 ·········································· 106

四　时间的不确定性 …………………………………………… 107

第七章　默认启发式 …………………………………………………… 111
　第一节　默认选项与默认效应 ……………………………………… 111
　　一　默认选项的作用 ………………………………………… 112
　　二　默认效应的机制 ………………………………………… 115
　　三　隐含的推荐与社会规范 ………………………………… 116
　　四　设置默认选项的伦理风险 ……………………………… 118
　　五　自我助推 ………………………………………………… 120
　　六　数字化助推 ……………………………………………… 121
　第二节　默认选项的社会意义 ……………………………………… 123
　　一　社会意义建构 …………………………………………… 123
　　二　行为信号的传递 ………………………………………… 125

第八章　算法决策与人机协作 ………………………………………… 128
　第一节　算法决策的准确性 ………………………………………… 128
　　一　算法决策与人类决策的比较 …………………………… 129
　　二　算法决策错误 …………………………………………… 132
　　三　算法厌恶及其成因 ……………………………………… 134
　　四　任务的客观性与不确定性 ……………………………… 136
　　五　对算法的信任变化 ……………………………………… 137
　　六　算法决策错误引发的反应 ……………………………… 138
　第二节　人与智能机器的合作 ……………………………………… 139
　　一　人机博弈时的合作性 …………………………………… 139
　　二　拟人化外表的作用 ……………………………………… 141
　　三　信任与合作预期 ………………………………………… 144
　　四　伦理设计 ………………………………………………… 144
　　五　道德两难与常识 ………………………………………… 147

参考文献 ………………………………………………………………… 151

# 第一章 风险、不确定性与决策

现实世界是复杂多变的，人有选择困难的一大原因在于无法预知将会出现怎样的后果，这就要求研究者关注不确定情境下的决策。传统的决策研究深受数学和经济学的影响，侧重于已有完备信息之后的效用计算，却忽视了这些信息从何而来。如果希望为决策者提供真正实用的参考，就需要深入探索不确定性，并发掘人在漫长进化过程中形成的适应性策略。

## 第一节 风险的多重含义

在不确定的情境下，事件的后果是多种多样的，而每种后果发生的概率更加难以预测，这对人认识风险的能力提出了挑战。即使感知的风险是差不多的，不同的人在敢于冒险的程度上又有所差别，这也会让人表现出不同的行为。

### 一 何谓风险

日常生活中，人们常会这样说，某件事的风险较大，所以不会选择去做。鉴于风险与决策的密切关系，首先需要明确，风险（risk）的确切含义到底是什么？不同领域所提及的风险一词，是否具有相同的含义？在不同的时代，风险的含义是否有了变化？

对上述问题，Li 等（2020）专门写了一篇文章来回顾风险一词含义的变迁。他们首先指出，风险是个多维度的复杂概念，在不同的学科领域，风险的含义是有差别的。在关注人身安全、健康和寿命的保险精算领域，风险指的是损失（伤害或死亡）的大小，需结合发生的概率来评估，据此来看，开车的风险要大于坐飞机，因为开车每公里发生伤亡事故的可能性更大。在关注投资回报的经济学领域，风险一词则是中性的，指的是回报（收益或损失）的变差大小，所以变差大的投资方案比变差小的投资方案风险更大，即使二者的平均回报差不多。在心理学和社会学领域，风险指的是可怕的危险或灾祸，难以控制且可能一下子导致大量的伤亡，据此来看，坐飞机的风险要大于开车。由上可见，风险是个多义词，可能指的是某种后果，也可能指的是其发生的概率，还可能特指有一定概率发生的负面后果，所以，不同人所说的风险不一定指的是同一回事，这就可能导致相互之间沟通不畅或理解有误。进一步地，三位作者对200多年来的海量文献进行了语义分析，结果发现，风险一词最近几十年的使用频率增加了4倍之多，还越来越带有负面的感情色彩，其意义朝着如何预测、防范风险的方向在变化，并且人们最害怕的已不再是战争的风险，而是慢性疾病（如糖尿病等）。

## 二 风险认知的重要性

为什么现代人要特别关注风险？尽管工业化和现代化解决了人类历史上曾面临的许多难题（如饥荒），却又带来了许多新的挑战。德国社会学家贝克（Beck，1992/2018）指出，如今人类已经迈入了风险社会（risk society），新的风险（如环境污染）比以往更加不可预测、不可控制且可能波及全球，另外需要特别注意的是科技风险，新技术不仅是问题的解决者，还是问题的制造者。探讨极端稀有事件的《黑天鹅》一书的作者塔勒布（Taleb，2007/2011）也指出，以前有些地方的人从未见过黑色的天鹅，就以为它们不存在，类似地，有些事件极为罕见，但不代表不会发生，一旦发生将可能造成极其严重的后果，因此人们需要增强风险意识，尽可能地做好准备，以减少突发事件的冲击，甚至化危为机。既然不可能杜绝所有的风险，就只能尽量提升人们认知风险的能力。

风险认知能力（risk literacy）反映了人们在多大程度上能够准确地理解与风险有关的信息并且采取合理行动，它与人的统计运算能力（statistical numeracy）有关，涉及对比值、百分比、概率等数据的理解、比较及转换（Cokely et al.，2012）。风险认知能力会影响人的许多重要决策，如医疗保健、投资理财以及消费决策等（Garcia-Retamero et al.，2019）。以医疗领域为例，有大量的研究证据表明，风险认知能力低的患者不能准确地理解医疗方案的好处和风险：他们通常会高估自己罹患大病的可能性，高估治疗的有效性，不清楚副作用的风险或如何进行饮食调理，也搞不懂疾病筛查得到阳性结果在多大程度上意味着真的有病。另外，有些医生的风险认知能力也不高，不能向患者清楚明白地解释、沟通医疗方案的好处和风险。在这样的情况下，患者就容易受到错误信息的误导，做出对自己不利的选择，或者贻误治疗的时机，出现更多的并发症，这些都会导致患者身心健康和生活质量受损。这提示我们，医患矛盾产生的原因之一可能在于医生与患者之间的风险沟通存在问题。此外，在投资理财领域，风险认知能力同样十分重要，它决定了人们的投资理财能力，后者又会影响个人的财务状况乃至整个国家的国内生产总值（GDP）。

## 三　与风险有关的其他概念

人除了对风险的大小有不同的认知，在是否愿意承担风险方面也会表现出个别差异或随不同情境而变化，这被简称为风险偏好（risk preference）。例如，根据卡尼曼和特沃斯基（Kahneman & Tversky，1979）的研究结果，在获得收益的情境下，多数人表现出风险厌恶（risk aversion），即宁愿选择收益虽小但确定能获得的选项，而放弃收益虽大但有可能一无所得的选项。不过，也有少数人表现出风险寻求（risk seeking），即为了追求更大的收益而甘愿冒险一试。相对地，在产生损失的情境下，人的风险偏好往往会发生反转，多数人变得风险寻求，即放弃确定会发生小损失的选项，而选择有可能一无所失（但也可能损失巨大）的选项。不过，也有少数人表现出风险厌恶，即宁可付出较小的代价，也要回避有可能发生的巨大损失，例如，人们会花钱购买保险，以避免发生意外导致倾家荡产。

如果说风险偏好体现了人的外显行为，另有学者提出，人还有更深层的对待风险的态度。韦伯等（Weber et al.，2002）认为，风险态度（risk attitude）可区分为风险寻求、风险厌恶或中性的，而人的偏好则体现为从事冒险行为（risk-taking）的意愿或频繁程度，最终表现出多大的冒险程度受到多种因素的共同影响，包括预期的收益、感知的风险及风险态度等。他们的研究发现，从投资理财、社交、伦理、健康安全到极限运动等不同领域，持有风险寻求态度的人其实相当少见，绝大多数人持有风险厌恶或中性的态度，而人们之所以在行为上表现出不同的冒险性，其实是因为他们预期的收益和感知的风险大小有所差异。例如，一个风险厌恶的人可能愿意去投资股票，却不愿意去玩蹦极，因为他预期前者的收益大、风险小，而后者正好相反。也就是说，基本的风险态度可以保持不变，但在不同决策领域表现出的冒险行为会发生变化。

综上可见，面对各种现实问题，人需要预判实际的风险大小，同时，人本身愿意冒险的程度也会有所不同，这些都可能影响人最终做出的选择或行为。在后面的第二章中将对上述与风险有关的概念进行详细的探讨。

## 第二节　决策的三要素

人对风险的评估常会涉及不同选项的后果及其发生概率，实际上，选项、效用、概率这三个方面都是影响决策的重要因素，在现实环境下不一定有现成的信息，需要决策者自行搜寻、整理，尤其难以获知的是结果发生的概率，可以说它决定了选择情境有多大的不确定程度，因此将其作为本节的重点进行介绍。

### 一　选项

假设能找到这样一个占优的选项，它在各方面都超过其他的备选方案，人们就不会出现选择困难。现实中人们经常陷入不同选项各有利弊的情境中而左右为难，此时人们可以开动脑筋、发挥创意，去寻找是否还有原来没想到的其他选项，它具备更多的优点，可以让人从原来的两难处境中解脱出来，不必再患得患失。例如，苹果公司的创始人乔布斯（Steve Jobs）领导研发了前所未有的触屏式 iPhone 手机，既不用配以传统的物理键盘，也摒弃了那种用起来不太方便又容易丢失的触控笔，直接让人用手指在触屏上触摸划拉就能灵巧地输入和操控，从此改变了人机交互的方式（Isaacson，2011/2011：512）。其实手指正是人与生俱来的常用工具，但在此之前就是没人想到手指可以派上这样的用场。可见，当人们陷入选择困难之中不能自拔时，首先需要反思的是，是否已经穷尽了可能的选项，是否存在更优的解决之道。诸如发散性思维、横向思维、头脑风暴之类的方法，都有助于人们打开思路，发现更有利于选择的占优选项。不限制自己的想象力，前路也许一下子就变得豁然开朗。

## 二 效用

每个选项都会带来或多或少的回报。早期的数学家或经济学家主要关注不同选项在金钱价值上的比较，主张理性的人应当选择价值更高的选项，这被称为预期价值最大化（maximization of expected value）策略。对无法用金钱衡量的收益或损失，冯·诺依曼和摩根斯坦（von Neumann & Morgenstern, 1947）提出，人们可以评估其对自己的主观效用（subjective utility），最终仍然应当选择效用更大的选项，这被称为预期效用最大化（maximization of expected utility）策略。

知名经济学家贝克尔（Becker, 1976/1995: 5-19）将效用最大化的思想发挥到了极致，他认为效用的来源不仅是市场上的商品或劳务，还可以是声望、尊严等非金钱的因素，因此经济分析适用于解释人类的全部行为，诸如婚姻家庭、生儿育女、时间分配、犯罪与惩罚、利他主义、政治法律、社会歧视等。例如，有的人去犯罪而不去从事其他合法活动不是因为道德品质低下或心理不健康，而是因为他们预期可以获得更大的效用，因此通过增加犯罪的成本（如罚款）可以让违法变得不合算从而降低犯罪率。有些人坚持吸烟或超负荷工作，是因为在健康长寿的目标之外，他们还有其他更看重的目标。人们是否选择结婚或离婚，也是考虑两个人在一起的效用是否大于单身或分开。同样地，人们生儿育女也会进行成本-效益分析，好比是购买耐用消费品，父母会偏爱那些预期长大后更有出息、能带来更大的投资回报的孩子。这种认为一切皆可量化为效用的观点遭到了不少心理学家的批评。戴维斯和托德（Davis & Todd, 1999: 379）指出，人们追求的很多东西（如爱、友谊、荣誉及博士学位等）是无法估价或交易的，父母关爱孩子、支持他们受教育也不是基于投资回报的算计。

实际上，效用评估实现起来并不容易。首先，效用评估带有个人的主观性，没有唯一的标准，因此也很难评判是否合理。其次，有些效用是隐性的、潜藏的或延迟的，人们在决策的当下不一定能及时发现。正如中国古代"塞翁失马"的故事所言，"祸兮福之所倚，福兮祸之所伏"，人们常常不能全面地预计所有的收益和损失。再次，经济学家将过去的付出视为沉没成本，认为不应纳入当前的考虑，但人们很难做到不受过去的影响，投入得越多，越是不愿意割舍（Hastie & Dawes，2009/2013：35）。最后，人们的偏好不是一成不变的，过去看重的不代表未来也会看重，况且主观效用的满足还会产生适应现象，即随着时间的推移而满足感下降，这些都会导致最大的效用不能持久。Schwartz（2004/2013：146）指出，由于适应的过程，人们就像在"原地踏步的快乐跑步机"上跑步，不管当时的选择看上去多么明智，对快乐的主观体验最终都会回到原点。

### 三　概率

决策三要素中最令人感到困难也最容易迷惑人的是如何预测某种后果发生的概率。吉仁泽等（Gigerenzer et al.，2005）曾在欧美的五个大城市做过一项街头调查，询问路人天气预报说"明天下雨的概率是30%"究竟意味着什么。路人的回答五花八门，有人认为"明天30%的时间会下雨"，有人认为"明天当地30%的区域会下雨"，也有人认为"在历史上具备这种气象条件的日子里，有30%的天数是下雨的"。可见，人们在理解概率时参照的对象并不一致，可能涉及持续时间、覆盖范围或历史记录等，甚至还会理解为气象学家的主观信心程度，即有30%的信心明天会下雨。这反映出人们可能没有注意到，概率其实是有多种解释与推算方法的。实际上，上述问题中天气预报的概率数值指的是，在历史上具备这种气象条件的日子里，有30%的天数是下雨的。

概率（probability）又译为或然性、决疑数，对那些不是确定会发生的事情而言，就需要预测其发生的概率。不少学者提醒人们要关注概率的多种解释。Hacking（1975）将概率比喻为古罗马的神雅努斯（Janus），他有两张脸，一张脸回顾过去，另一张脸展望未来。类似地，概率也有两面性：一面朝向外部世界，关注的是自然科学领域中随机现象的统计规律；另一面朝向人的心灵，关乎认识论和主观信心程度。不仅如此，研究概率哲学的英国学者Gillies（2000/2012：2-3）梳理了历史上出现的多种概率观，认为它们各有其适用的领域与局限性，因此提倡多元主义的概率观，而不是非常狭隘的单一解释。他也认为，各种解释可以大致分为两组：客观的（objective）概率和认识论的（epistemological）概率。

可见，无论人们在表述还是理解信息时，都要注意涉及的是哪一种概率，其又是如何得出的，否则，根据不同观点得出的概率数值有大有小，可能误导人的选择。同时，研究者也要注意，如果人们回答的概率数值不符合所谓"标准答案"，不一定表明他们出现了认知偏差，也可能是因为他们对概率的理解是多样化的。下面将对一些主要的概率解释进行介绍。

1. 古典概率

法国天文学家、数学家拉普拉斯（Laplace，1814/1951）认为，如果人类像万能的智者一样无所不知，就能完全确定什么事情将会发生，但人类是部分无知的，只能求助于概率演算，可见概率是相对于人的无知而言的（转引自 Gillies，2000/2012：18）。进一步地，假设人们知道几个基本事件中总会发生一个，却没有什么能让人更相信其中一个会发生而另一个不会发生，就应将各个事件视为等可能的。基于这一前提，就能算出特定结果发生的概率，这种在早期十分流行的解释被后人称为古典概率。具体而言，假设存在 $n$ 种等可能的情况，其中有 $m$ 种有利于结果 A 的产生，那么结果 A 的概率就被定义为：

$$Prob(A) = m/n \tag{1-1}$$

可见，正如拉普拉斯所指出的，概率其实是一个分数。例如，抛一枚硬币，正面朝上的概率是 1/2；掷一颗匀称的骰子，偶数点朝上的概率是 3/6。对由简单的基本事件组成的复合事件，就需要运用排列组合甚至复杂的数学公式去求出相应的概率。例如，根据徐传胜（2004）的推算，同时掷 4 颗骰子，能掷出 14 点的概率为 146/1296；至少有 23 人时，其中至少有两人同一天出生的概率会超过 0.5，当人数超过 60 人时，其中至少有两人同一天出生的概率会超过 0.99。

显然，古典概率的好处是可以让人通过数学计算就能预测事件发生的可能性。不过，其局限性是有时这种概率对决策的参考价值有限。例如，就人们非常关心的结果而言，成功或失败，通过或没通过，上涨或下跌等，只是预测发生的概率各占一半并无太大的意义。此外，概率起源于对赌博问题的探讨，随着概率论被引入自然科学、社会科学以及经济学等领域，等可能性的前提也不一定继续适用，这就需要从其他的角度去重新审视概率。

## 2. 客观概率

客观概率也被称为偶然的概率（aleatory probability），强调的是物质世界中随机现象发生的可能性是独立于人的认识而客观存在的。例如，无论人们是否知道，在一段时间内放射性原子有一定的概率发生衰变。与之相对的是认识论的概率，它取决于人的主观认知。

最为人熟知的一种客观概率是频率（frequency），其主要倡导者冯·米塞斯（von Mises，1928/1961）认为，概率只适用于大量可重复的事件或群体现象，是特定事件发生次数与总次数之比（转引自 Gillies，2000/2012：98）。他将与频率有关的情境分成了三种：第一种是"机会游戏"，例如，反复抛掷硬币得到正面朝上的概率约为 1/2；第二种是生物学的统计资料，例如，从死亡登记中可以预测人活到不同年龄的概率，这对保险公司的经营十分重要；第三种是物理学的现象，例如，气体分子的运动速度介于某个范围的概率。

冯·米塞斯非常重视经验和观察，认为特定事件出现的相对频率会随着观察次数的增加而趋于稳定，因此，当观察次数趋向于无穷大时，就可以得到精确的概率值，这就是极限频率（limiting frequency）的操作定义（转引自 Gillies，2000/2012：106）：

$$\lim_{n\to\infty} m(A)/n \tag{1-2}$$

式 1-2 表示，当观察次数 $n$ 趋向于无穷大时，特定事件 A 出现的次数 $m$ 与 $n$ 的比值（频数比）就是事件 A 发生的极限频率。

尽管频率信息能为决策提供一定的参考，但下一次是否会发生特定事件仍然是不确定的。好比反复抛掷硬币后人们观察到正面朝上的概率接近 1/2，但下一次抛掷会出现哪一面还是随机的。像这样的单一事件在冯·米塞斯看来是谈不上什么概率的，却是人们更想知道的信息。例如，统计数据显示飞机失事的概率极小，但人们更关心的是自己将要乘坐的这架飞机能否平安抵达。

科学哲学家波普尔（Karl Popper）早期也拥护相对频率的解释，不过，后来他在钻研量子力学时发现，有必要赋予单一事件概率，于是他提出了倾向理论（Propensity Theory；Popper，1959）。波普尔认为，即使实验没有反复进行甚至只发生了一次，只要实验条件具有一种发生特定事件的相对频率的趋势或倾向，就可以对概率进行推测，还可以根据经验证据对该概率值进行检验，就像科学理论要经受验证一样（转引自 Gillies，2000/2012：125）。这种方法对单一事件的概率估计仍是基于相对频率的，所以被归入客观概率一类。不过，这又带来了新的问题，即参考哪个细分类别的相对频率才是合理的。仍以坐飞机为例，统计概率反映的是大量飞机在各种条件下的记录，这些飞机可能是各式各样的，还涉及其他很多不同的因素，而某人将要乘坐的那架飞机具有个别的特性，如果参考的类别不是特别相符，或者它受到了其他因素的影响，对概率的估计就可能不那么客观、准确。

**3. 认识论的概率**

现实生活中，单一事件的概率具有重要意义，人们往往希望预测下一步的行动方案有多大的把握，从而决定该不该采取这个行动。对概率进行主观的解释可以帮助人们推断单一事件的概率，因而受到了不少学者的拥护，他们强调概率与人的知识有关，通常体现为主观的信心程度（degree of belief），所以被归为认识论的概率。可见，古典概率关注的是人的无知程度，认识论的概率则关注人的有知程度。

（1）逻辑概率

受逻辑学的影响，经济学家凯恩斯（Keynes，1921）从逻辑推理的角度去思考概率问题，他认为那些理性的人具有较强的逻辑直觉能力。在他看来，如果某种结论不能全部却可以部分地由某些前提推演出来，二者就具有一种概率的关系（转引自 Gillies，2000/2012：33）。这种符合逻辑的概率也不是随便哪个人任意指派的，而是由给定条件决定的，因此逻辑概率是可以合理地怀有的信心程度。不过，凯恩斯不认为能给所有的概率精确地赋值，人们常常只能粗略地判断孰大孰小（如下雨的概率比下雪更大），并且时间越是久远就越难判断（如资产或商品的远期价格）。此外，凯恩斯还指出，存在不同的概率，相互之间不一定能进行比较。

（2）主观概率

与凯恩斯有所不同的是，意大利学者德·费耐蒂（de Finetti，1937/1964）认为，任何人都可以对事件发生的可能性做出自己的判断，体现为个人的信心程度，唯有主观的（subjective）解释才适用于现实的预测（转引自 Gillies，2000/2012：76）。德·费耐蒂也不担心主观判断无法得到可靠的结论，一开始不同的个人可以任意选择自己的概率（先验概率），不过，根据不断出现的证据，个人可以更新自己的判断，最终不同的个人将得出近乎一致的概率（后验概率）。显然，这一过程体现了贝叶斯（Thomas Bayes）的思想，即基于拥有的证据来得出后验概率。在德·费耐蒂看来，正是这种后来达成的共识导致人们产生了客观概率存在的错觉，其实完全可以从主观概率的角度去解释。美国统计学家 Savage（1954）也是主观概率的支持者，他称之为个人的（personal）概率。除了个人的主观概率，Gillies（2000/2012：181）还提出了一种主体间（intersubjective）概率的解释，即某个社会群体达成共识的主观概率。

主观概率的提出使得对单一事件赋予概率不再困难，并且只要人们收集足够多的证据，即使起点是任意的，也能逐渐接近真相。Silver（2012/2013：219）曾举例说，不同的人可以任意地假设当前的股票市场处于熊市或牛市的概率，无论是 10%、50% 还是 90% 都可以，然后观察股市的实际表现，根据股市的上下震荡调整个人的判断，经过一段时间之后大家都能发现自己究竟是处于熊市还是牛市。

人们非常关心单一事件的概率，但有一个常见的误区，即人们会将实际上是频率的信息误解为单一事件的概率。正如前述例子中"明天下雨的概率是 30%"这样的说法，天气预报其实是基于历史上同类气象条件下的统计概率，但其表述过分简略，导致人们误以为是主观的信心程度。更有甚者，不少研究者对假设检验中用以判断显著性的概率即 $p$ 值的理解也含混不清。吉仁泽（Gigerenzer，2000/2006：358）指出，统计学家费希尔（Ronald Aylmer Fisher）最初提出 $p$ 值时是从频率的角度来解释的，他的对手内曼（Jerzy Neyman）也从更加严格的频率观点来解释 $p$ 值，但后人常常误解为主观信心程度，例如，对 $p$ 值为 5% 的显著性水平，连一些统计教材都会曲解为有 95% 的信心虚无假设不成立。吉仁泽等（Gigerenzer et al.，1991）还批评说，一些研究发现了所谓"过度自信"偏差，其实也是不恰当地将人的信心水平同其答对题目的频率进行比较。显然，研究对象认为自己有 90% 的信心回答正确属于主观概率，而他们一共答对了多少比例的题目属于相对频率，二者分属两种不同的概率，不适于相互比较大小，前者比后者更高并不能证明人有过度自信。

**4. 概率的表征形式**

在长期的应用过程中，人们对概率的表征形式也是多种多样的。早期在机会游戏的探讨中，常用的是"胜负比"（odds）或"胜率"，如果胜、负的次数分别为 $a$、$b$，则胜负比为 $a/b$，胜率为 $a/(a+b)$（徐传胜，2010：5）。拉普拉斯也提倡用分数来表示概率，如 $m/n$，分子 $m$ 表示有利于特定结果出现的情形数，分母 $n$ 表示所有可能的情形数，一目了然（转引自 Gillies，2000/2012：18）。相对频率如果采用分数的形式来表示也是易于理解的，例如，假设服用某种新药的 7000 人中有 2 人出现了某种副作用，则该新药产生副作用的概率可以写成 2/7000。

进入 19 世纪后，百分比形式开始在日常生活中普及，起初主要是为了表示利息或税金，后来逐渐被人们用来表示概率（Gigerenzer，2000/2006：80）。尽管百分比形式看上去更加简洁，但也会造成一些混淆。

首先，表面上看起来差不多的百分比数字，可能代表了不同种类的概率，导致人们容易把大量可重复事件的频率与单一事件的主观信心程度混为一谈。这可以参见前面对天气预报和过度自信例子的分析。

其次，用百分比表示的概率会丧失原来由分数的分子和分母所携带的重要信息。以贝叶斯推理为例（Gigerenzer & Hoffrage，1995），假设一位医生在治疗某种疾病的过程中逐渐发现，10 个病人中有 8 个会出现某种指标异常，而 990 个正常人中没患该病却也会有 95 人出现指标异常，像这样根据长期经验中遭遇到多少样例即自然取样而得出的频率被称为自然频率（natural frequency），它携带了基础比率信息，能易化贝叶斯推理，即一个在筛查中指标异常的人真正患病的概率仅为 $8/(8+95)$，显然并不高，但如果把上述各种频率转化为用百分比表达的形式，人们就很难解决此类问题了。这提示我们，人脑在漫长的进化过程中适应的是对频率信息的认知加工，而不是迄今为止只有几百年历史的百分比形式。

最后，用百分比形式表示的概率可能让人产生不合理的风险认知，进而误导行为。以风险增加的计算为例，在比较新药与传统药物的风险时，假设服用某种新药的 7000 人中有 2 人出现了某种副作用，而服用传统药物的 7000 人中只有 1 人出现了该副作用，如果计算的是绝对风险的增加值并且采用的是分数形式，则新药的绝对风险仅增加了 1/7000，但如果计算的是相对风险的增加值并且采用的是百分比形式，则可以说成新药的相对风险增加了 100%，相当于翻倍，这容易造成不必要的恐慌（Gigerenzer，2014/2015：11）。可见，在数学意义上等价的信息表征方式，从计算上和心理学上看并不一定是等价的，对此要注意澄清。

总而言之，有关概率的思想发展至今，存在多种不同的解释，应用于不同的学科领域也有不同的侧重，那种认为只有一种概率的观点是狭隘的。Daston（1988）指出，在17世纪的学者那里，有关概率的客观的和认识论的解释是能够和平共处的，只是到了19世纪中期学者才开始各执一词，进入20世纪后更是分裂成了两大派别。无论如何，认识到概率的多面性是非常重要的，在运用时应尽量表述清楚、完整，并且注意不同的概率数值是否属于同一类别或能否相互比较。

## 第三节　不确定性

早在1789年富兰克林（Benjamin Franklin）就在致友人的一封信中写过这样一句话："除了死亡和税收，没有什么是确定的。"这句话后来广为流传，可见它反映了世人的共识。尽管会出现哪些选项、各自又有何后果都可能是难以预测的，但学者主要将不确定性归咎于概率估计的困难。科吉列娃等（Kozyreva et al.，2019）指出，由于历史上对概率存在不同的解释，所以对具体什么是不确定性、如何度量它也存在不同的看法，大致而言，可以根据不确定性的来源与程度对它进行细分。他们还提出，对不确定性的认识不能局限于概率论，而应采取一种系统化的观点，从人与环境的交互作用中去看待不确定性。

### 一　不同来源的不确定性

根据科吉列娃等（Kozyreva et al.，2019）的回顾，历史上出现过多种概率解释，有的观点认为，概率反映的是人的无知或有知的程度；也有的观点认为，外部世界中事件的发生会呈现一定的统计规律且独立于人而存在。这就体现出不确定性具有不同的来源，据此可以分成两种，即认识的（epistemic）不确定性和偶然的（aleatory）不确定性，前者源于人的认识有限，后者源于外部环境的随机变化，也可称为主观的不确定性和客观的不确定性。

Ülkümen 等（2016）发现，人们的日常用语反映出他们对不确定性有不同的归因：对那些源自外界变化的不确定性，人们一般表述为可能性（likelihood），例如，"我认为有90%的可能性"或"我认为很有可能"；而对那些源于自身知识不足的不确定性，人们一般表述为信心（confidence），例如，"我有90%的信心"或"我很有信心"。Ülkümen 等（2016）还发现，对不同来源的不确定性，人们会采取不同的应对策略。此外，在社会互动中，不了解他人的行动或意图还会增添新的不确定性，即缺少社会性的信息，这可能影响人际信任与合作行为。

## 二　不同程度的不确定性

换个角度，决策情境还可依其不确定的程度进行细分，即根据已有知识的多少，从全都知道、部分知道到完全无知，相应地可以分成不同的程度：确定性、风险、不确定性（经济学中常称为模糊性）。而不确定性又可进一步分为基本的或是严重的，在极端情况下会达到完全的不确定性。

经济学家 Knight（1921）最早区分了风险决策和不确定性决策：在前一种情境下，行动的不同结果的概率是已知的，可以是通过数学推算得出的先验概率，也可以是对经验数据进行统计得出的概率；后一种情境通常为单次或首次发生的事件（如投资新技术、创业），结果的概率未知，也没有统计数据可供参考，只能依靠主观估计（estimate）。在 Knight 看来，概率就是客观的，他不赞同人们将主观估计与概率一词混用。他还认为，风险情境是比较少的，人的多数行动和常见的商业事务都是不确定性决策，所以主观估计是很实用的。相比之下，提倡逻辑概率的经济学家凯恩斯（Keynes, 1936）认为不确定性是很难估量的，由于缺少足够的证据支持，越是发生在未来的事件（如资产的远期回报、新的技术发明、战争等）越是不可预测。

类似地，Luce 和 Raiffa（1957）也将决策情境分成三类：确定性、风险及不确定性。不过，他们认为不确定性并非不可估量的，可以通过估计出人的主观概率而简化为风险情境，于是主观预期效用理论就可应用于不确定性决策。此后这种做法确实在研究中流行开来，追求效用最大化依然被当成不确定情境下的理性策略。

## 三　人对不确定环境的适应

在回顾过往的基础上，科吉列娃等（Kozyreva et al., 2019）指出，基于概率来界定和度量不确定性有可取之处，但从其发展历程中也可以看出它的局限性，为了真正理解现实中人们如何应对不确定的环境，有必要超越概率的观点，将人与环境视为一个紧密联系的系统来考察，而这样的思想在早期一些心理学家的著述中已经有所显现。

首先，现代行为决策理论的奠基人物西蒙（又名司马贺；Simon，1955）早就强烈地批评了Savage（1954）的主观预期效用理论，其看上去很美却不切实际，真实世界中的人往往事先不能穷尽所有的选项，也不能预料所有可能发生的结果，并且环境还是复杂多变的，这些不确定性都制约了最大化的实现。西蒙（Simon，1956）又指出，尽管人们的认知能力和知识都是有限的，但这并不妨碍他们做出适应性的决策，人们不必追求最大化，"足够好"的结果已足以让人生存下来甚至过得不错，这就是与最大化相对立的"满意化"（satisficing）策略，它也是一种典型的利用少量信息即可决策的启发式。他提醒我们，除了要看到人的认知局限，更要重视分析环境的结构。西蒙（Simon，1990）还将人的认知能力与环境的结构比喻为一把剪刀的两个刀片，强调要做出适应性的决策缺一不可。

进一步地，心理学家布伦斯维克（Egon Brunswik）有关知觉的透镜模型（Lens Model）揭示了人与环境之间的互动，尤其是人如何利用环境中可得的线索（cues）进行推断（Brunswik，1952）。以距离知觉为例，根据该模型，尽管个人不能直接了解物体距离自己有多遥远，却可以通过一些观察到的线索（如清晰度、大小等）间接地推断距离有多远，这些推断的效果反过来又会提供反馈从而增进人对不同线索有效性的认识。显然，这种类似于光学透镜的中介机制会涉及两个方面的不确定性：一方面，线索对推断目标的预测不是完全正确的，二者的相关被称为生态效度（ecological validity），其高低可以反映外部的不确定性；另一方面，人对线索的利用也不一定是准确无误的，其不仅受到环境复杂性的影响，还受制于人的认知能力和所使用的策略，这反映了人内部的不确定性。更重要的是，总体的推断效果取决于上述两方面的配合，即人对线索的选择、利用是否与特定的环境相匹配。布伦斯维克将人与环境比喻为一对夫妇，需要相互磨合才能达成和谐（Brunswik, 1957: 300）。如今，这种知觉的模型已被推广应用于判断与决策领域（Gigerenzer & Kurz, 2001）。例如，在招募员工时，用人单位可能会根据应聘者的学历、资格证书以及工作经验等线索来预测其未来的表现并做出是否雇用的决定。

基于上述西蒙和布伦斯维克的观点，科吉列娃和赫特维希（Kozyreva & Hertwig, 2021）明确提出，人与环境是同一整体不可分割的组成部分，应采用系统化的观点来看待不确定性，将其视为有机体-环境系统（organism-environment system）的特性，相比之下，以往的二元观点将二者割裂开来，认为不确定性要么源于人的主观认知，要么源于客观的环境，忽视了二者之间的交互作用。他们还提出，有关不确定性的研究也应关注人与环境的磨合，即人的认知能力和学习经验是如何适应环境结构的。这样看来，与其说环境是客观的存在，不如说它是人主观认知的生态，反映了信息分布的统计规律和其他特征，诸如线索的预测效度、样本大小、选项的数量和分布、结果及其概率的分布、线索之间是否相关、线索是否可以相互补偿、是否存在权重占优的线索以及线索与预测目标之间是线性还是非线性的关系等。

那么，什么样的策略才适合不确定的情境呢？此时，人的认知和信息都是有限的，既不知道客观的概率，也很难做出主观估计，无法简化为风险情境。科吉列娃和赫特维希（Kozyreva & Hertwig, 2021）指出，自然进化赋予人类头脑的简捷的启发式恰恰大有用武之地，它们只需利用少量的信息即可做出适应性的决策，并且越是极端不确定的情境，越是应当采用信息节俭的启发式。例如，有的启发式可以完全抛开概率，在经验不足、信息匮乏的情境下，能比预期效用最大化策略做出更好的预测。

总而言之，面对无处不在、难以量化的不确定性，要求整合概率与效用的最大化策略已不再适用。所谓单一的通用工具只是不切实际的美好幻想，而启发式就像是"适应工具箱"里的各种专门的工具，适用于特定的场合（Gigerenzer & Todd, 1999: 3）。据此，研究者应着重考察何种情境下采用什么样的启发式效果最好，这就为探究不确定情境下的决策掀开了新的篇章。

## 第四节 决策的策略

不同决策情境的不确定程度并不相同,在风险情境下,选项的后果及其发生的概率均是已知的,因此人可以将这些信息整合起来进行权衡、决策,但是,在概率等信息未知的不确定情境下,人很难继续采用此类策略,需要另辟蹊径。回顾历史上各种决策策略的来龙去脉,可以让人更深刻地理解各种决策策略所适用的具体情境及其局限,同时也希望唤起对不确定情境的重视,采用新的取向去探索那些不需要整合所有信息、只需要利用少量线索即可做出推断的启发式策略。

### 一 预期价值最大化

根据 Brandstätter 等（2006）的回顾,早期的概率论起源于数学家对赌博赢钱问题的探讨,显然,这是一种典型的风险决策情境,同时,决策的目标在于赢取最多的金钱,自此以后,决策的策略就沿着预期价值最大化的方向发展。

早在 1654 年,数学家帕斯卡（Blaise Pascal）和费马（Pierre de Fermat）在通信中开始探讨机会游戏中赌注如何分配的问题,即在赌局已经中止的情况下,如何推算出假设玩下去每个玩家赢钱的机会有多大,这被认为是概率论的起源。他们还引入了数学期望的概念,它等于概率和金钱的乘积。从此以后,计算选项的预期价值（Expected Value, EV）就成了理性的做法,用现代的公式可表示为：

$$EV = \sum p_i x_i \qquad (1-3)$$

其中, $x_i$ 和 $p_i$ 分别代表选项的各种结果的金钱价值及其实现的客观概率（$i = 1, ..., n$）,将二者的乘积累加起来就可得到该选项的预期价值,接下来就是对不同选项的预期价值进行比较,最后选择预期价值最大的那个选项。

不过,预期价值最大化理论很快就碰到了难以解释的问题,即"圣彼得堡悖论"：面对预期能赢得无限金钱的赌局,人们并不愿意花很多钱来玩这个游戏。为了解释这一现象，数学家丹尼尔·伯努利（Bernoulli, 1738/1954）提出用主观的效用来取代金钱的客观价值，并且认为效用不是随金钱数额的增加而线性地增长，其增长远远慢于金钱数额的增加，即二者之间是对数函数的关系。这一思想在心理物理学中得到了佐证，费希纳（Fechner, 1860/1964）发现了如下的规律，即人的感觉（如响度）与物理刺激（中等强度范围内）之间也存在对数函数的关系，这被称为韦伯-费希纳定律（Weber-Fechner Law）。来自心理学实验的证据给了当时的经济学家很大的鼓舞，在他们看来，从金钱或商品中获得的快乐、满足也属于感觉，于是发展出边际效用递减原理（the Law of Diminishing Marginal Returns）（Bruni & Sugden, 2007）。不过，后来的心理学实验揭示，人的感受与物理刺激之间的关系是复杂多样的，有些感觉量的增长要远远快于物理量的增长（如电击），还有些情况下二者可以同步地增长（如长度）。经济学家罗斯巴德（Rothbard, 1995）也对伯努利的解决方法提出了尖锐的批评，认为他不该滥用数学，既然效用是个人的主观感受，就很难相互比较，更不能无限细分或用微积分来处理，后世的经济学家也不能为了数学运算的便利而扭曲现实。

## 二 预期效用最大化

进入20世纪后，随着冯·诺伊曼和摩根斯坦（von Neumann & Morgenstern, 1947）出版了划时代的巨著《博弈论与经济行为》，最大化策略再次受到推崇。他们提出了一系列的公理，并认为如果人们遵循这些公理，就可以算出选项的预期效用（Expected Utility, EU）并实现最大化：

$$EU = \sum p_i u(x_i) \quad (1-4)$$

此时，选项的结果变成了 $u(x_i)$ 所代表的效用函数，$p_i$ 仍然代表结果能够实现的客观概率。

显然，客观概率常常是未知的，于是，Savage（1954）提出用个人的主观概率来代替它，这样计算出的就是主观的预期效用（Subjective Expected Utility, SEU），沿用前面的公式可以表示为：

$$SEU = \sum \rho_i u(x_i) \quad (1-5)$$

此时，$p_i$ 代表了个人相信结果能够实现的主观概率，可以根据积累的证据进行更新，所以 SEU 理论又被称为贝叶斯决策理论（Bayesian Decision Theory）。Savage 也提出了自己的一套公理，并认为理性的人应遵循这些公理并追求主观预期效用最大化，但他也承认，该策略过于理想化，只适用于信息已知的"小世界"（small worlds），例如，在博彩这样的机会游戏中，选项及其可能的结果都能被精细地描述出来。在此以外的"大世界"（large worlds）则充满了未知性，如果非要按照最大化原则行事，人们就会连下棋或计划野餐这样的问题也对付不了，此时需要调用其他的策略。可惜，Savage 的这些提醒基本被人忽略，主观预期效用最大化被推崇为放之四海而皆准的策略，直至新的悖论出现。

随着越来越多的现象显示人们的选择违背了最大化理论所基于的公理，卡尼曼和特沃斯基（Kahneman & Tversky，1979）提出了前景理论（Prospect Theory，也译为预期理论），该理论仍然保留了最大化的内核，只是引入了新的参数，用公式表示为：

$$V = \sum \pi(p_i)v(x_i) \qquad (1-6)$$

此时，$V$ 代表选项的预期价值，客观概率变成了权重函数 $\pi(p_i)$，效用函数变成了 $v(x_i)$，均为非线性函数。具体地，效用函数呈现为 S 形：在人们与自己的参照点相比获得的是收益的情况下，效用的增长会慢于收益的增加，这是对前述伯努利思想的继承；在人们与自己的参照点相比发生的是损失的情况下，效用则会比实际损失更快地下降，这是新的补充。权重函数则呈现为反 S 形，即人们通常会高估小的客观概率，而低估中等或大的客观概率。对最大化理论的修正并未止步于此，随着新的异象不断地涌现，特沃斯基和卡尼曼（Tversky & Kahneman，1992）又提出了累积前景理论（Cumulative Prospect Theory），仍是继续增加参数，此处就不再赘述。

回顾历史可见，正是由于众多数学家和经济学家的推崇，最大化策略成为所谓理性决策的标准和人应当遵守的规范，但是，就此认为它同样描述了人真实的决策过程是比较武断的，自然会遭到关注心理学的研究者（如 Simon，1955）的挑战。正如 Brandstätter 等（2006）所言，无论后人如何对最大化的框架进行修修补补，都始终假定人的决策基于数学期望，即概率和效用一定要相乘并累加，然而，即使这些模型变复杂后可以更好地拟合人的选择结果，也只是"仿佛如此"（as-if）模型，决策的过程并不真正如此。Brandstätter等提出，人们不一定要同时考虑概率和效用，按照一定的先后顺序只考虑效用或概率也可以做出选择：以金钱选择问题为例，同概率相比，人们往往优先关注结果，而在结果之中，人们往往优先关注可能得到的最小结果，其次才是可能得到的最大结果。也就是说，人们采用的可能是依据少量信息即可做出决策的启发式策略，而不是要对信息进行加权累积的最大化策略。进一步地，Brandstätter等重新分析了以往风险决策研究中那些违背预期效用最大化理论的"反常"数据，结果发现，他们提出的占优启发式（priority heuristic）所做的预测与大多数人的选择相当一致，虽然不用各种复杂的参数却比累积前景理论的预测效果更好，更有甚者，反应时的证据也表明，这种按照一定的先后顺序来加工结果和概率信息的占优启发式是一个很有希望的真正描述风险决策过程的模型。

综上可见，尽管概率、效用是决策的重要信息，但人们利用它们的方式并不局限于加权累积这一种模式，如果非要保持最大化的内核不变，无论如何修正，都有可能出现新的悖论。因此，研究者有必要转变思路，考察人们真正使用的那些简捷策略，尤其是在信息匮乏、充满不确定性的环境下人们如何做出适应性的决策。

### 三　快速节俭启发式

最早肯定启发式的价值的知名学者是西蒙，出于对决策过程的关注，他从经济学、管理学的研究转向了认知心理学，并最终成为利用计算机建立思维模型的人工智能研究的先驱（Simon，1996/2018）。西蒙关注的是系列搜索过程中选项的不确定性，这类问题在现实生活中十分常见（如买房、求职、择偶），此时由于价值大小不一的选项是先后出现的，其顺序、数量都是未知的，且一旦错过就无法回头或可能被他人捷足先登，因此及时终止显得至关重要，而一种简单的策略可以让人不会空手而归，那就是满意即可，也就是说，人预设一定的期望水准或最低要求，一旦发现达到该水准的选项就可拿下，尽管该方法不一定能让人收获最佳选项，却足以保障人的生存繁衍（Simon，1955）。根据西蒙的观察，无论是在经济决策还是管理决策之中，人们经常使用的都是满意化而非最大化的策略，后来他还将这种有限搜索的思想应用于用机器下国际象棋、问题解决等人工智能技术的开发之中。

有关启发式的积极观点被心理学家吉仁泽等学者继续发扬光大。受西蒙强调决策过程清楚透明、可编程的影响，吉仁泽等（Gigerenzer et al.，1999/2002）注重明确定义各种启发式并为之建立具体的计算模型，即需要列出搜索哪些线索、何时终止搜索以及如何做出最终决策的规则，同时要求将启发式与多种竞争性模型（如多元回归等复杂模型）进行比赛以考察其成效，关注的指标不仅有决策的准确性，还有信息的节俭性及决策速度。由于启发式只利用少量线索，所以相比复杂模型在信息上是相当节俭的，而这并不妨碍它们充分利用环境结构做出有效预测，因此被吉仁泽等命名为快速节俭启发式（fast and frugal heuristics）。他们也不将启发式视为通用的策略，而注重考察每种启发式所适用的情境，仔细地计算可供利用的线索的生态效度（正确预测效标的相对频率）和启发式的预测正确率。由上可见，真正要研究启发式并不像特沃斯基和卡尼曼（Tversky & Kahneman，1974）那样仅止于贴上各种不同的标签（如代表性、可得性或锚定和调整等），这些只能算是含混不清的术语，缺少明确的规则和过程描述，也因此被批评为常常将现象和解释做循环描述，或采用同一种启发式来解释多种结果，甚至是相互矛盾的现象（Gigerenzer，1991）。

戈德斯坦和吉仁泽（Goldstein & Gigerenzer，1999）设计了比较城市人口规模大小的任务来考察一种利用信息最节俭的策略即再认启发式（recognition heuristic），只需要根据是否听说过某个选项来进行推断，例如，在城市名称的配对中，如果其中一个城市能被再认，而另一个不能，就推测前者有更多的人口。他们利用计算机模拟了大学生对83个德国城市的再认情况并据此求出再认线索的预测正确率，结果竟然发现，适度的无知（如只听说过一半的城市）能比全都知道做出更加准确的预测，因为前一种情况下可以利用再认启发式，而后一种情况下只能依靠其他知识进行推断，研究者将这种现象称为"事半功倍"（less is more，也译为少即是多）效应。同时，对大学生的实验也显示，他们确实倾向于选择可被再认的对象，也出现了类似的事半功倍效应，即本国学生对城市人口规模的推断正确性要低于知道得更少的外国人。再认启发式充分利用的是人和动物共有的一种强大、稳健而无限的记忆能力，即对面孔、声音、味道、名字等环境特征的再认，这种从无知中也能发掘出智慧的策略可以说是人类在长期进化中形成的一种适应功能。

除了城市人口规模，利用再认还可以相当有效地预测网球比赛的优胜者（Serwe & Frings，2006）、政治选举（Gaissmaier & Marewski，2011）甚至是公司的股市表现（Borges et al.，1999）等，其成绩并不逊色于复杂的模型。此外，研究还显示，在团体决策中，基于再认做选择也很有成效（Reimer & Katsikopoulos，2004），在涉及两个以上选项的任务中同样可以利用再认启发式，事半功倍效应甚至更明显（McCloy et al.，2008）。

斯库勒和赫特维希（Schooler & Hertwig，2005）还考察了另一种与再认记忆有关的策略，即流畅启发式（fluency heuristic），它与再认启发式略有不同，关注的是信息提取速度上的差异，例如，如果两个对象均能被再认，但其中一个被再认的速度更快，就推测它在预测效标上有更高的值。流畅启发式近似于特沃斯基和卡尼曼（Tversky & Kahneman，1974）提出的可得性启发式，但斯库勒和赫特维希对它的规则和计算模型进行了严格的界定，显得更有说服力。进一步地，赫特维希等（Hertwig et al.，2008）的研究结果显示，尽管回忆速度这条线索的效度不如再认线索那么高，流畅启发式仍不失为一种有效的策略，并不像可得性那样被认定为容易导致偏差，当配对比较对象被再认的延迟时间（反应时）差异越大时，流畅启发式的正确率越高。此外，约翰逊和拉布（Johnson & Raab，2003）在研究体育竞技时发现，相比后续想到的方案，富有经验的球员对赛场情境的"第一反应"更有可能是正确的选择，这也被视为流畅启发式的一种应用。

随着研究证据的积累，吉仁泽和戈德斯坦（Gigerenzer & Goldstein，2011）总结了自提出以来的十年间有关再认启发式的研究成果，指出其成效取决于适当的前提条件：在特定的参照集之内，如果选择对象的知名度及其实力之间存在较高的相关并且这种关系是在长期过程中自然形成的（而非由人在实验室中临时习得的），同时，用于研究的对象是从总体中随机抽样并组合的，此时再认线索往往具有较高的生态效度，人们也就倾向于利用再认进行推断并且正确率也较高。当再认的效度较低时，人们并不会盲目选择可再认的对象,例如,当任务不再是推断人口规模而变成了判断不同城市同某国中心点的距离孰远孰近时,人们选择可再认对象的比例就会大幅下降(Pohl, 2006)。进一步地,Pohl 等(2017)分析了多个研究后也发现,再认启发式的使用率同再认的效度密切相关。

实际上,在那些不涉及对错的个人偏好问题上,人也有一种选择可再认对象的倾向。例如,在消费决策中,人们往往更愿意选择自己听说过或熟悉的品牌,而不是陌生的品牌(Macdonald & Sharp, 2000);在人才招聘时,有常见姓氏的求职者比有罕见姓氏的人更容易被雇用(Cotton et al., 2008);更有甚者,由股票代号很容易被人记住的公司组成的投资组合在股市上的平均回报相当可观地超过了市场的平均表现(Baer et al., 2019),这些都可以说是再认启发式的推广应用。

在比较城市人口规模的任务中,如果选项皆能被再认,人就无法利用这条线索去进行区分,于是,吉仁泽和戈德斯坦(Gigerenzer & Goldstein, 1999)又考察了利用其他知识性线索进行推断的成效。他们认为,搜索往往是按照线索的生态效度高低而逐步展开的,即从效度最高的一条线索开始搜索,直到某条线索的值能将选项区分开来为止,这样的策略可称为采纳最佳(take the best)启发式。也就是说,一旦找到了能将选项区分开来的第一条理由,就足以终止搜索并做出决策,因此相当简捷,即使某些线索的值无法得知,也可以继续搜索其他线索,这样就能适应信息匮乏的现实情境。例如,人们可能首先尝试他们认为效度最高的线索,如"是否举办过大型博览会",如果该线索不足以区分两个城市,则尝试效度次之的线索,如"是否拥有足球俱乐部",如果还不足以区分两个城市,则尝试效度再次之的线索,如"是否位于城际列车线上",依此类推,直至有一条线索将二者成功区分开来为止,实在找不到再随机猜测。利用计算机模拟的研究结果表明,采纳最佳启发式在拟合任务中的表现不亚于多元回归等复杂的模型。

在更困难的推论任务(从训练样本推广至新样本)中,采纳最佳启发式显得比复杂模型更加稳健,还能取得更好的成绩。Czerlinski 等(1999)选取了多达 20 种现实问题情境,诸如预测高中的失学率、教授的工资、房价、交通事故率、男性或女性魅力等,然后对采纳最佳启发式、累加策略及多元回归等模型在新样本中的预测成绩进行了比较,结果显示,仅利用少数几条线索的启发式超过了需要整合所有线索的线性模型，无论它们采用的是单元加权还是最优化权重。

至于人是否真的会使用采纳最佳启发式，Bergert 和 Nosofsky（2007）设计了根据 6 种体表特征推测昆虫毒性的任务让人学习，然后分析了他们在测试阶段的反应时和选择结果，发现他们更有可能采用了根据习得的线索权重依次查看线索的启发式，而不是需要整合全部线索的策略。根据 Bröder（2012）的总结，人确实会根据具体的环境结构来选择是否使用采纳最佳启发式，较强的认知能力（工作记忆、智力等）有助于人选择更适应的策略。

采纳最佳启发式也可被应用于无所谓对错的个人偏好选择问题（如买房、求职、择偶等），当个人同时加工大量的选项存在困难时，可以根据自己看重的一系列线索，依次排除达不到要求的选项，直至只剩下有限的乃至唯一的选项为止，这种基于线索而非基于选项进行比较的策略相当于特沃斯基（Tversky，1972）早前提出的逐步排除法（elimination by aspects）。曾经师从特沃斯基的心理学家 Gati（1986）还将这种策略应用于生涯决策之中，作为预先筛选潜在职业选项的方法，其被称为系列排除法，然后求职者再对少数几个选项进行深度比较就不会感到有太大的认知负担。

采纳最佳启发式有其适用的情境。根据马蒂冈和霍夫拉吉（Martignon & Hoffrage，1999）的分析，首要的条件是不可代偿的（noncompensatory）信息，即线索的效度是依次递减的，排序靠前的一条线索的权重超过后续所有线索的权重之和，所以利用优先线索做出的推论不会被后续线索或其联结推翻，此时采纳最佳启发式的成效不会逊色于最优化权重的多元回归模型。如果各条线索的权重是均等的，此时适用的是综合考虑所有线索的简单累加（tallying）策略，但现实环境中这样的均匀分布并不常见，更常见的是线索从高到低排列的偏态分布。其次，信息是贫乏的，即可供利用的线索很少或可供学习的样本稀缺。此外，Dieckmann 和 Rieskamp（2007）发现，在信息冗余度高（线索有较高相关）的情况下，采纳最佳启发式的成效会超过逻辑回归模型，并且此时人们确实更倾向于只搜索少量重要的线索，显然，现实中更常见的也是线索间有相互关联的环境，同时，相比拟合任务，在预测新样本的推论任务中前者的表现也更加稳健。

采纳最佳启发式看似并不复杂，难点在于要知道哪些线索具有较高的效度。关于线索效度排序的知识有些主要源于先天的本能（如有关择偶、觅食、栖居地的偏好），有些则主要通过后天的经验习得（Gigerenzer & Goldstein, 1999；Hutchinson & Gigerenzer, 2005）。例如，医学生需要长期的学习和实践才能掌握疾病诊断各种线索。需要注意的是，个人除了积累直接经验，还可以通过社会学习来利用间接经验，这样可以避免遭遇危险并且效率较高。

除了预测，现实中人还会经常面临分类的问题，如果同时存在时间压力，快速而又不失准确地归类显得尤为重要，例如，区分人的病情或伤情是否危急、前方逼近者是敌是友等，于是马蒂冈等（Martignon et al., 2008）又提出了用于分类的快速节俭决策树（fast-and-frugal decision trees），即罗列出一系列按线索效度排序的问题，然后依次查看问题的答案，如果回答为"是"则归入某个类别，如果回答为"否"则继续查看下一个问题的答案，直至能够做出区分为止。实际上，医疗系统早就在病情诊断中进行类似的操作，例如，心脏病发作会有各种严重程度不等的症状，如果发现病人出现了首要的严重症状，则归为需要紧急救治之类，否则继续查看是否出现次要的症状，依此类推（Green & Mehr, 1997）。另外，Dhami（2003）也早就发现，对于英国法庭的几百个真实的保释判决案例，仅用最多三个问题的简单线索能比整合多条线索的回归模型更好地预测法庭是否同意嫌疑人保释的判决结果，这三个问题相当于形成了一种简捷的决策树。近年来，研究者开始为一些现实问题设计专门的快速节俭决策树，例如，Keller 和 Katsikopoulos（2016）设计了一种不超过三个问题的决策树，可以帮助检查点的士兵更加准确地预判前方驶来的不明汽车是否为自杀式袭击者。Aikman 等（2021）也设计出了一种不超过三个问题的决策树，它可以比逻辑回归或复杂的决策树更有效地预测银行是否在2008年的金融危机中出现了重大问题。从信号检测论的角度分析，决策树可能导致两类错误：虚报或漏报（Luan et al., 2011）。吉仁泽等（Gigerenzer et al., 2022）提醒，在设计快速节俭决策树时，应根据不同环境的要求平衡好分类的准确率与虚报率，例如，在人才选拔时，如果解雇员工非常困难，就更需要注意改进线索的排序以降低虚报率（招进不合适的人）。

针对西蒙所关注的系列搜索问题，托德和米勒（Todd & Miller, 1999）也继续进行了深入的探索，通过计算机进行了大量的模拟，发现无论是上百个还是上千个候选对象，都并不需要像以往的数学模型所建议的那样考察多达37%的对象，在十分有限的搜索和考察（不超过一打的数量）之后即可设定期望水准，然后接受下一个达到该水准的选项并停止搜索，这种更加省时省力的策略可以令人得到满意的收获，即在80%的情况下能挑选到位于总体前10%的对象，研究者将此策略称为"尝试12个"（try a dozen）规则。显然，现实中有些情况下潜在的选项分布远远没有上百个，此时人们甚至可以尝试更少，如果再考虑存在竞争或双向选择的情况，见好就收就显得更为必要。

自从快速节俭启发式的取向兴起以来，相关的研究在持续推进之中（Gigerenzer et al., 2011）。除了上面提及的最典型的一些策略，研究者还发掘出了其他各种适用于不同领域的启发式，诸如在运动中准确接球的凝视启发式（Shaffer & McBeath, 2002）、商业经营者预测客户活跃度和购买行为的启发式（Wübben & von Wangenheim, 2008）、在投资组合中平均分配资源的$1/N$启发式（DeMiguel et al., 2009）、体育比赛中识别状态很好球员的"手感火热"启发式（Raab et al., 2012）以及根据一系列犯罪的地理范围对嫌疑人进行定位的中心点启发式（Snook et al., 2004）等。此外，特别应用于社会互动中的启发式也日益受到关注（Hertwig et al., 2013），它们不同于人与自然界打交道时常用的策略，利用的是有关他人的意图或行为的社会性信息，诸如模仿启发式（Boyd & Richerson, 2005）、公平启发式（Hertwig et al., 2002）、从个人社交圈的抽样结果推测总体分布的启发式（Schulze et al., 2021）、消费决策与公共政策中的默认启发式（Johnson & Goldstein, 2003）、集体决策中的少数服从多数原则（Hastie & Kameda, 2005）以及一报还一报的博弈策略（Axelrod, 1984）等。同时，对不确定性的探索也取得了明显的进展（Hertwig et al., 2019），研究者越来越关注人是如何探索环境并基于经验进行决策的，以及人是如何把握环境中风险与回报的关系并据此认知风险的。

快速节俭启发式的取向也很快被中国学者引入了决策研究中（刘永芳等，2003，2004；刘永芳，2009）。针对一些典型的启发式，学者陆续开展了相应的研究。例如，汪祚军和李纾（2012）设计了专门的风险决策任务来比较占优启发式与最大化模型的预测效果，采用反应时和眼动技术探索了信息加工的过程，结果更支持基于属性而非基于选项的过程模型。又如，高山川和王燕（2018）设计了世界大学排名的比较任务，考察了大学生被试利用再认和其他线索进行推断的实际比例及其正确率，验证了根据再认线索推断大学排名（尤其是综合实力）的效度和事半功倍效应，研究还显示，利用大学的中文名称来研究再认具有独特的优势，既可以提供再认线索，也可以提示是本国的还是外国的学校线索，甚至提示学校专业特长的线索（如商科或农业）。

总而言之，在充满了不确定性和变化的情境下，相比要求大量的信息和计算的复杂模型，快速节俭启发式显得更加适用且有效，这被称为不稳定世界原则（Unstable-world Principle；Katsikopoulos et al.，2020：3）。既然大量研究揭示了事半功倍效应，人就可以大胆地遵从这些简捷的规则，而不必迷信越多越好。即使身处大数据和算法兴盛的时代，人类也仍然可以对自身掌控世界的聪明才智持有相当的信心（Gigerenzer，2022）。快速节俭启发式并不是人在无法追求最大化时退而求其次的不得已选择，它们本身就是人在与不确定环境的长期互动中所形成的适应性策略，值得依靠。

# 第二章　理性观的变迁

人都希望成为理性的决策者,那么,什么是"理性"?不确定的环境对理性提出了什么新的要求?从启蒙时期至今,有关理性的定义和评判标准出现过不同的看法,历经了从无限理性观到有限理性观的重大变革,亦受到了非理性观的挑战,近年来又兴起了生态理性观。在不同的理性观指导下,对决策的研究又呈现不同的面貌。通过梳理各种理性观的来龙去脉,不仅可以帮助人建立合理的决策目标,还有助于人认识真实的环境条件。

## 第一节　从无限理性到有限理性

早期的人类在大自然中显得十分渺小,面对突发的灾难,人只能祈求神灵或上天的保佑,无论在东方还是西方,都表现为通过举行各种仪式、占卜活动,希望得到上天的启示,预测何时会发生灾害并提前做好防备。同时,对自身遭遇的不幸,人通常解释为命中注定或神灵的惩罚,也会试图通过求签或算命来预测福祸。处于蒙昧无知状态的人类相信,主宰一切的力量在于神灵或上天。

进入 17 世纪以后,随着自然科学、数学的兴起,人类的理智得到了启蒙,自然界的客观规律被揭示,就连遥不可及的天体,科学家通过公式和计算也能准确地预测其运动轨迹,这些成就令当时的人信心大涨,以为一切尽在掌握。前所未有地,宗教的权威性受到了挑战,人也不再迷信天意或命运,另一种决定论开始流行,不过这次是科学被推上了至高无上的地位。

随后，尽管天文观测的误差和微观粒子的随机运动让科学也显得不那么确定，但概率论和统计学的兴起又为应对不确定性提供了工具。于是，理性自然就等同于能够计算数学期望值并做出最大化的选择，概率和统计方法也被推广至社会生活的许多领域，如保险业、法庭判决乃至道德选择。例如，帕斯卡在自己对上帝的信仰发生动摇时就诉诸数学期望的运算，最终决定还是保持信仰更好，哪怕升入天堂的机会再渺茫，但考虑到堕入地狱实在可怕，还是笃定上帝存在更为理智（Pascal，1669/1962）。这种对概率计算的推崇被视为理性观发展过程中的第一次革命，即概率革命（Gigerenzer et al.，1989）。

受数学家的影响，经济学家也开始关注各种经济活动背后的利益最大化动机。亚当·斯密（Smith，1776/1972：14）就劳动分工写过一段名言："我们每天所需要的食物和饮料，不是出自屠户、酿酒家和面包师的恩惠，而是出于他们自利的打算。我们不说唤起他们利他心的话，而说唤起他们利己心的话，我们不说我们自己需要，而说对他们有好处。"尽管亚当·斯密同时指出，人除了关心自身的利益，也会关心社会上其他人的利益，但可惜后来的经济学家未能全面理解他的理念，只强调利己这一动机，并提取出了这样的人性假设，即人是追求个人利益最大化的，这被称为经济人（homo economicus）假设（朱富强，2011）。据此，能否做到个人利益最大化也就成了经济学家评判理性的标准。

实现利益最大化需要具备这样的条件，即人能够知道选项及其后果、实现概率的所有信息，并且具备强大的计算能力和稳定一致的偏好。显然，这样的要求是相当理想化的，却作为不证自明的前提，用于分析人的各种经济行为。

由于现实世界中的人达不到这样的要求，且行为经常违背经济人假设，因此西蒙提出了有限理性（bounded rationality）观点，给理性加上了一定的现实条件（Simon，1955，1982/2002），相对地，以往这种全知全能、无条件的理性就被称作完全理性或无限理性（unbounded rationality），这一重大转变被视为理性观的第二次革命。

在自传中，西蒙将自己的一生比喻为在迷宫中探索，最希望解决的就是决策的奥秘，为此横跨了多个领域，从经济学、管理学、心理学到人工智能等（Simon，1996/2018）。他先后荣获过三个大奖，包括诺贝尔经济学奖、计算机科学的图灵奖和心理学的杰出贡献奖，他关于理性与决策的许多思想至今仍有深远的影响。西蒙在大学阶段主攻的是经济学和政治学，不过，他在实践中发现，人的选择不符合最大化的预测，而是满意即可，于是逐渐发展出了有限理性的观点。"有限"两个字经常会被误解为有缺陷，其实是指有条件，即人如何根据自身和环境的条件做出适应性的决策。西蒙提倡描述人类真实的决策过程，特别是如何搜索信息并及时停止。20世纪50年代，在看到当时刚刚兴起的计算机之后，西蒙又对如何利用计算机来解决问题以及模拟推理和决策的过程产生了兴趣，从此转向对认知心理学和人工智能的研究，成为人工智能领域的先驱之一。

西蒙的理性观既是积极的又不是高不可攀的，从其论述中可以看出，尽管人受到内部和外部条件的双重限制，但仍足以做出适应良好的决策。

## 一 人的认知能力有限

作为心理学中认知革命的一股重要力量，西蒙曾深入研究过人的认知过程和机制，涉及记忆、问题解决、学习、创造与发现等。基于研究的结果，西蒙（Simon，1997/2004：103）指出，人类在短时记忆容量、信息提取、系列加工以及注意力分配等方面是存在限制的，因此，在决策时不可能发现所有可能的选项，也不可能预知所有可能的后果，这使人无法强求最佳选择，而找到一种足够好的解决方法要容易得多。西蒙（Simon，1982/2002：253）还指出，计算机之所以对人如此重要，一大原因就在于它们能增强人的计算能力，从而使人处理更加复杂的问题，不过，即使得到计算机的帮助，最大化的要求还是显得遥不可及。

## 二 关于环境的知识有限

人对复杂多变的环境也只有片面的认识，这种外部约束比人的内部约束对决策的影响更大（Simon，1997/2004：84）。西蒙（Simon，1996/2004：50）还这样写道："人类，如果视作行为系统，是很简单的，我们的行为随时间而表现出的外在复杂性主要是所处环境的复杂性的反映。"然而，传统的决策研究是不分析环境结构的，以至于在预测真实的人类行为时常常落空。

尽管人类不具有完美的认知能力和环境知识，西蒙对其适应能力还是比较乐观的。以生物觅食为例，西蒙（Simon，1956）进行了分析并指出，在自然环境下往往存在一些线索，有限理性的生物也能利用这些线索找到满足其需要的途径，获得足够大的机会生存下去甚至日益兴旺。

## 三 对理性的界定

西蒙的乐观来自他对人类理性的看法是广义的。西蒙（Simon，1982/2002：337-338）指出，经济学有时相当宽泛地使用术语"非理性"，而比较狭义地使用术语"理性"，他建议使用更宽泛的心理学的理性概念，所谓理性，指的是这样的行为方式，它适合实现既定目标，而且在给定条件和约束的限度之内。据此，对理性的评判标准就不只是效用最大化，当结合具体的现实条件去看时，许多行为可以算是理性的。

### 1. 客观理性和主观理性

在评判理性与否时，应该依据什么目标或依据谁的价值观？如果某种行为出错只是因为依据的信息有限，还能称为"理性"吗？西蒙（Simon，1997/2004：75）认为，如果某个决策确实能在给定情况下实现给定价值的最大化，就可以称之为客观理性；如果它只是相对于决策者对情况的实际了解而言，就是主观理性。他举例说，从主观角度检验，个人如果认为某种药能治他的病，那吃药就是理性的行为；而从客观角度检验，只有该药确实有效，吃药才算是理性的行为。

### 2. 过程理性和实质理性

所谓行为具有过程理性（procedural rationality，或译为程序理性），是指它是适当地深思熟虑的结果，有多合理取决于产生它的过程；而行为具有实质理性（substantial rationality，或译为结果理性），是指它能在给定条件和约束下达成既定的目标（Simon，1982/2002：247-248）。将过程的适当性纳入理性范畴，而非只看结果好坏，可以说大大扩展了理性的定义。正如西蒙所倡导和预见的那样，经济学中对过程理性的研究也越来越重视，成为一种不可阻挡的趋势。

### 3. 刻意理性和习惯理性

理性只是自觉的、刻意的过程，还是包括了很多无意识的、自动化的过程？在西蒙（Simon，1997/2004：78-79）看来，即使不是自觉的、刻意的行为（例如，人碰到热炉子后飞快地缩手，打字员熟练地打字等），只要能达到适应的目的,也可以算作理性的,据此可以区分出刻意理性和习惯理性。他还特别指出,习惯和常规不仅可以达到有效的目的,还可以节省稀有而宝贵的时间和注意力,例如,大部分的组织活动或个人活动可能表现为惯例形式,当然每隔一段时间可以被质疑和修改。

另一位组织管理学大师马奇(March,1978)也拥护广义的理性观点,他将理性分作两大类:一类是计算的理性,另一类是系统的理性。计算的理性主要包括:有限理性,反映了人类的局限要求决策的简化;情境理性,反映了在特定情境下特别有效的策略;博弈理性,反映了两个及以上的对手如何在互动中实现各自的目标;过程理性,强调过程比结果更重要。系统的理性是难以察觉或解释的,是个人或组织中内生的,主要包括:适应理性,即长期的经验和知识积累可以导致近似于完美的决策行为;选择理性,反映了达尔文主义的观点,指生存下来的优点;事后理性,即行动后才产生目标。系统的理性表明经验、学习、常规以及反思也能产生明智的决策行为。

由上可见,理性并不是狭隘的、苛求最优的,只有结合具体的条件去看待理性,才能真正理解人的行为,并且发掘出人所使用的多种适应性策略。

## 四 满意化策略

现实中人在做决策时不可能现成地拥有所需的各种信息,而需要自行搜索并且及时终止。传统的观点不考虑信息从何而来,而西蒙(Simon,1956)发现,人们会根据自己的需求预设一定的期望水平(aspiration level,也译为志向水平或抱负水准),一旦发现达到该水平的选项或解决方案即可停止搜索并做出决策,这就是满意化(satisficing)策略,这个词包含了"令人满意"(satisfying)和"足够"(sufficing)两方面的意思,来自苏格兰语。它是最早被提出的一种启发式(heuristic),西蒙与同事在编制能下国际象棋的计算机程序时就遵循了这种原则。相反,如果采用穷尽式的原则搜索每走一步所有可能的结果,无论是当时还是后来的计算机都无法实现。西蒙本人对逻辑很有研究,却仍然认可人的直觉和启发式在推理、决策及创新发现中的重要作用,并且推崇专家长期积累的经验和再认能力(Simon,1997/2004:115)。

时至今日，有限理性观已得到广泛的认同，对经济、管理、政治、教育以及军事等方面的决策都产生了深远的影响。可惜的是，在传播过程中，有限理性的思想常常被误解（Gigerenzer et al.，1999/2002：12），例如，在认知科学、经济学和动物行为等领域，有限理性常被误解为"受限制条件下的最优化"（optimization under constraints），这种模型仍然强调最优化，只是增加了一条终止规则，当信息搜索的代价超过收益时就可以停止了，显然，这又带来了新的计算问题。另外一种更常见的误解是将有限理性理解为人类的理性是有缺陷的，然后一不小心就滑向了非理性的一端。

## 第二节　非理性与认知偏差

对完美理性的质疑不仅来自经济学界或管理学界，精神分析学派的创始人弗洛伊德（Sigmund Freud）早在19世纪后期就对人类的理性提出质疑，认为所谓有意识的理性思维都不过是深层潜意识的驱动。进入20世纪70年代后，人类的理性又遭受了一次更大的打击，以卡尼曼和特沃斯基（Kahneman & Tversky，1973，1979）为首的行为决策研究者断言，人类的判断与决策存在许多偏离最大化原则的现象，他们称之为认知偏差（cognitive biases），并以此作为人类非理性的证据。

### 一　潜意识的驱力

人类曾经骄傲地自认为是地球上唯一有理性的动物，可以控制自己的情绪和行为。但弗洛伊德在临床实践中发现，人的情绪和行为，并不完全受理性支配，而更多地被一些潜藏的力量支配。弗洛伊德指出，"心理过程主要是潜意识的，至于意识的心理过程则仅仅是整个心灵的分离的部分和动作……精神分析以为心灵包含有感情、思想、欲望等作用，而思想和欲望都可以是潜意识的"（Freud，1922/1994：8）。鉴于此，揭露潜意识的动机成为精神分析的主要目的。

早期，弗洛伊德认为，潜意识中主要包含着个人许多被压抑的不见容于社会文化、道德或法律的原始冲动、本能、欲望或创伤，一般是不能直接觉察的，只有在梦中和各种精神症状中才能观察到。后来弗洛伊德又提出了人格结构的三种成分,即本我(id)、自我(ego)及超我(super ego),本我代表的是尚未驯服的激情,自我代表的是理智和审慎,超我则是道德化了的自我,包括良心和自我理想(Freud,1968/1987:2-3)。在这一新的阐释中,弗洛伊德指出自我和超我的部分都是潜意识的,因此,潜意识并不完全是原始、低级、阴暗的,不能完全等同于本我。这一修正丰富了潜意识的成分,有助于更全面地评判人类的动机,可以说一个正常的人要比他自以为的更加"不道德",也可以说一个正常的人要比他自以为的更加"道德"(王小章、郭本禹,1998:22~23)。

弗洛姆评价说,潜意识正是弗洛伊德最伟大的发现,它反映了思维与存在之间的不一致性,"大部分人生活在一个自欺的世界里,在这个世界里,我们都认为自己的思想能代表客观现实……通过把大量意识的思维贬低为欲望的合理化,弗洛伊德摧毁了理性主义的根基"(Fromm,1980/1986:28)。例如,人们以为自己的行为是以爱、奉献精神、责任心为动机的,却不知道与此相反,其实是受权力欲、自我虐待、依赖性等潜意识的驱使。因此,在弗洛姆看来,潜意识是一种"激进"的理论,因为"它击溃了人类以为自己全知全能之观念的最后堡垒……弗洛伊德使人类丧失了对自己理想的骄傲"(Fromm,1980/1986:153)。

Hershman和Lieb(1998/2007:11-12)也认为,弗洛伊德的理论对人们深入了解逻辑思维在人类事务中所起的有限作用而言,"既是一个标志,也是一种促进",尽管弗洛伊德所创设的许多理论无法得到证实,但他确实移除了世人对人类心智最后的敬畏。有意思的是,Hershman和Lieb(1998/2007)还指出,弗洛伊德不大信得过理性,但他自己的理性不算在内,他正是沿用了启蒙运动的理性传统来探索深层心理的。

难道潜意识真的只代表着非理性吗?强调人类经验系统具有适应意义的Epstein等(1992)指出,弗洛伊德有关潜意识概念的致命缺陷是,"他没有从进化论的视角看待它,认为潜意识本质上是一个适应不良的系统,只能产生梦境和导致心理异常,不能够处理人类或动物面临的问题或增加他们在真实世界中的适应性行为"。他们还认为,弗洛伊德的理论"不能解释为什么这一适应不良的系统首先得到发展,并且帮助那些没有高级过程(与语言紧密相关)的动物很好地适应环境"。

潜意识不仅不一定是非理性的,还可能蕴藏着人类漫长进化史中沉淀下来的古老智慧。在荣格（Carl Gustav Jung）看来，除了个人潜意识，在精神的更深层次还存在集体潜意识（collective unconscious），它们由本能与原始意象构成（Jung，1961/2005：366）。他还认为，这种古老的智慧会以一种拟人的形式表现出来，即"智慧老人"（wise old man）的原型意象，他代表的是更高级的洞察力。例如，荣格自己内在的智慧老人是费乐蒙（Philemon），当他与弗洛伊德在学术追求的道路上分道扬镳后，有好长一段时间都无所适从，多亏了从潜意识中浮现的费乐蒙的指引，他才重新找到了方向（Jung，1961/2005：176）。

如果说"内心的声音"显得神秘莫测，近年来的决策研究对潜意识中蕴藏的智慧进行了科学的研究。快速节俭启发式的倡导者吉仁泽（Gigerenzer，2023a：3）明确指出，人的直觉就是潜意识智慧的一种表现形式，来自长期积累的经验，善于应对不确定的环境，也就是说，直觉并不是什么说不清道不明的"第六感""上帝的声音"或随意的主观臆测，其基于的就是快速节俭启发式，人在利用启发式做决策时可能是无意识的，但也可以有意识地选用。尽管历史上有不少知名学者（如爱因斯坦、西蒙等）对直觉或启发式持有积极的看法，但仍有一种悲观的观点在流行，将它们与偏差、谬误捆绑在一起，对大众产生了极深的误导。

## 二 认知偏差

在 20 世纪 60 年代末，特沃斯基（Amos Tversky）和卡尼曼（Daniel Kahneman）开始合作进行研究，他们极大地改变了行为决策的实验程序，得出了与早期的行为决策研究者大相径庭的结论。他们自认为发现了人类的许多认知偏差，并归咎于人所使用的各种启发式（Tversky & Kahneman，1974），因此被称为"启发式-偏差"（heuristics-biases）学派。尽管他们声称秉承的是西蒙的有限理性观，却只是致力于发掘人类犯错的消极证据，可以说更适合归入非理性观。吉仁泽（Gigerenzer，1991）评论说，"认知错觉"的攻击要比精神分析来得更加猛烈，它甚至无须援引理性判断与潜意识欲望之间的冲突来解释所谓"非理性"，而认为人类的判断存在"先天不足"。另外，为了对最大化的传统理论进行修补，卡尼曼和特沃斯基（Kahneman & Tversky，1979）又提出了前景理论，由于特沃斯基后来英年早逝，卡尼曼独自走上了 2002 年诺贝尔经济学奖的领奖台。

如今，这种认为人类容易犯错且很难纠正的观点影响了许多领域，从社会心理学、医疗诊断、管理学、法学到经济学等，维基百科显示已经发现的认知偏差接近 200 种。经济学领域重新开始关注人的心理，行为经济学日益兴盛并成为研究的主流，理查德·泰勒（Richard Thaler）也荣获了 2017 年度的诺贝尔经济学奖。行为经济学家甚至宣称，应当大力推行各种助推（nudging）手段，以让缺乏理性的大众在不知不觉中落入专家为他们设计好的"理性选择"（Thaler & Sunstein, 2009/2018）。不过，伯格和吉仁泽（Berg & Gigerenzer, 2010）一针见血地指出，行为经济学只是披着伪装的新古典经济学，贴了很多心理学的标签，却没发生实质性的改变，仍是通过加入更多的参数去拟合选择的结果，并未真正描述人类的决策过程。

### 1. 认知偏差的发现与研究方法有关

在传统的无限理性观发生动摇时，由卡尼曼和特沃斯基引领的启发式-偏差学派又陆续揭示了人类容易犯的各种认知偏差或者谬误。例如，通过自行设计的"工程师-律师"问题，卡尼曼和特沃斯基（Kahneman & Tversky, 1973）发现，人在进行贝叶斯推理时往往会忽视事件的先验概率，这被称为基础比率谬误（base rate fallacy）。Eddy（1982）在对医生做癌症诊断的研究中也发现了忽视基础比率的谬误。在对大量常识问题的答题信心判断的研究中，Lichtenstein 等（1982）发现答题者的信心水平高于估计自己回答正确的频率，他们认定这是过度自信偏差（overconfidence biases）。在"琳达"（Linda）问题中，特沃斯基和卡尼曼（Tversky & Kahneman, 1983）则发现，人们会认为合取事件的概率大于单个事件，犯了合取谬误（conjunction fallacy）。至于人为什么出现上述偏差，特沃斯基和卡尼曼（Tversky & Kahneman, 1974）认为，这是因为人们并不根据概率和逻辑规则进行推断，而是依赖这样一些启发式，如代表性（representativeness）、可用性（availability）以及锚定和调整（anchoring and adjustment）等。

这些与众不同的发现很快就引起了广泛的关注和讨论，实际上，特沃斯基和卡尼曼并不是最早开始研究行为决策的，但前人得出的结论是比较积极的。那么，为什么会有如此天壤之别？勒亚若佳和赫特维希（Lejarraga & Hertwig, 2021）在分析了采用两种不同路线的 600 多个研究后指出，关键原因在于研究方法上的差异，而这一点原来一直没被注意到。

行为决策的开创者是爱德华兹（Ward Edwards），他到密西根大学任教后创立了行为决策实验室，最早进行贝叶斯推理问题的实证研究。当时该实验室的不少成员有人因工程学背景，因此研究者很关注如何通过适当的技术促进人们的决策。爱德华兹受过心理物理学的训练，在设计实验程序时很重视重复地呈现刺激并测量反应，例如，在让实验被试估计总体中不同颜色筹码所占比例的任务中，会让他们进行反复的抽样、估计，以此观测概率更新的过程（Edwards et al.，1965）。采用上述程序的研究得出的结论比较积极：人类称得上是"直觉的统计学家"（intuitive statistician），在根据新证据对概率进行更新的过程中大体上遵从贝叶斯原理（Peterson & Beach，1967），只是调整的量比较保守（Edwards，1968）。这样的研究取向就被称为直觉的统计学家学派。

特沃斯基因为对决策很感兴趣，就跟随爱德华兹做博士后研究，所以他早期对人类决策的看法并不消极。然而，与卡尼曼开始合作后，特沃斯基放弃了之前的观点，从此致力于揭示认知偏差的研究（Lewis，2017/2018）。短短几年间，启发式-偏差学派就取代直觉的统计学家学派成为主流。多年以后，爱德华兹终于打破沉默，表示自己对启发式与偏差的研究取向并不认可，也对自己是始作俑者感到惭愧，他仍然看好人类尤其是专家的统计直觉（Edwards，1983）。

勒亚若佳和赫特维希（Lejarraga & Hertwig，2021）指出，特沃斯基和卡尼曼的研究取向之所以很快就流行开来，一大原因在于他们采用了一种新的程序，同时，正是由于这种方法上的根本转变，他们得到了与特沃斯基之前的师友截然不同的发现。他们不再让被试经历逐步尝试、练习的过程，而是直接呈现所有的信息，通常只让被试做一次性的反应，这属于"基于描述的决策"。更有甚者，问题描述中说是随机抽样的结果，但其实是研究者刻意设置的结果。这种"单个问题式"实验既简便又不花什么成本，研究者非常欢迎，却不会预料到新方法有什么潜在的后果。相比之下，原来的行为决策实验比较费时费力，被试需要从真实的或虚拟的容器中进行成百上千次的抽样、反应，这属于"基于经验的决策"。而近年来学者才发现，基于经验的决策和基于描述的决策会产生不同的概率判断（Wulff et al.，2018），同时，基于经验的决策能有效地减少基于描述的决策中出现的许多偏差（Schulze & Hertwig，2021）。也就是说，研究方法上的差异并不是无关紧要的，恰恰相反，会让人得到不同的发现。

勒亚若佳和赫特维希总结说，要真正认识人类的决策过程和理性，不能不注重研究方法是否恰当（涉及尝试的次数、反馈、练习的机会、奖赏、刺激呈现方式、结果测量等），同时，还得注意实验室的结果能否外推至现实世界，否则不管何种取向得出的结论都可能失之偏颇：就直觉的统计学家学派而言，虽然有尝试、学习的过程，却只关注推理的结果是否合理，忽视了心理机制的考察，以至于没走多远就被后人抛弃；就启发式-偏差学派而言，采用概括性描述的问题情境可能导致模棱两可的理解，并且仅凭一次性的判断或选择并不能真正揭示人的决策水平，缺少从经验中学习、改进的过程也不能真实反映人的理性。

**2. 认知偏差与概率的不同解释**

实际上，在勒亚若佳和赫特维希（Lejarraga & Hertwig，2021）指出启发式-偏差的研究程序有问题之前，已有不少学者对其用以评判理性的标准太过狭隘提出了批评，其中最直击要害的意见来自对概率论的起源和发展很有研究的吉仁泽。

吉仁泽（Gigerenzer，1991）指出，概率本身存在不止一种解释，可能是指大量可重复实验中特定事件发生的相对频率，也可能是指个人对单一事件发生的主观信心，然而，在许多经典的启发式-偏差研究中，不注意控制概率的歧义，对结果的解释也显得比较武断。例如，研究所设计的问题情境可能诱导被试产生不同的概率解释，而研究者又只采用某一种概率作为标准的"正确答案"。这意味着，被试的反应不符合所谓标准答案，不一定是判断出错，可能只是对概率的理解不同而已。又如，研究者在分析结果时会将不是同一类的概率进行比较，最典型的例子是所谓"过度自信"现象，研究者将被试估计自己回答正确的频率与主观信心程度直接相比，这显然是不合适的。

为了澄清事实，学者还重新做了一些经典的实验，对方法进行了改进，特别是注意区分了不同的概率，结果发现据称相当顽固的三大"认知错觉"竟然都消失了。例如，针对"工程师-律师"问题，吉仁泽等（Gigerenzer et al.，1988）发现，通过真实的反复抽样来让被试体验相对频率和随机抽样，可以消除基础比率谬误。针对医疗诊断中的贝叶斯推理问题，Cosmides 和 Tooby（1996）将提问的方式从单一事件概率改为自然频率,也有助于消除基础比率谬误。在常识问题的回答中,吉仁泽等(Gigerenzer et al., 1991)将被试估计自己答对的频率与他们实际答对的频率进行比较,不仅没有发现"过度自信"偏差,反而发现被试比较"谦虚",会略微低估自己实际的正确率。赫特维希和吉仁泽(Hertwig & Gigerenzer, 1999)对"琳达"(Linda)问题的重新实验也揭示,当要求被试做出的是频率判断而不是对单一事件概率的判断时,"合取谬误"也不见了。

由上可见,无论是在研究程序上还是在衡量标准上,启发式-偏差研究都存在不小的问题,不能视而不见,由此得出的结论是否可靠值得反思。

**3. 认知偏差不一定是真正的偏差**

如果真正按照西蒙(Simon, 1955, 1982)的有限理性观,应联系具体情境来对行为是否理性进行评判,然而,启发式-偏差研究只片面地关注人的认知策略,并且采用的标准是单一的概率解释或抽象的逻辑规则,并不考虑环境的特征或人要达成的适应目标是什么。吉仁泽(Gigerenzer, 2008)重新审视了12种所谓"认知偏差",结果发现,如果结合环境的特征来分析,它们其实都可以算是合理的判断。例如,如果大量常识问题是从题库中随机抽取的而不是刻意挑选的,答题者不会出现过度自信。同时,即使一定要把答题者估计自己答对的频率与主观信心程度相比,二者之间有差异也只是反映了环境中常见的一种统计现象,即趋向均值回归,并不表示人的主观信心程度过高。此外,呈偏态而非正态分布的环境、样本的大小不等、社会性场合(存在社会规范或竞争)等也都可以用来解释人们的反应,没有必要归咎于认知出错。

不仅如此,如果认知偏差真的成为偏差,就应当带来不良的后果。然而,Arkes等(2016)通过查询以往的大量研究发现:几乎没有证据表明违背基于概率和逻辑的连贯性(coherence)标准(包括一致性、可传递性、不矛盾等)会给人们造成实际的损失,诸如收入降低、健康受损、寿命缩短、信念失真或快乐减少等;相反,根据具体的场合灵活应对,表现出不一致的行为常常可以让人成功地达成目标。

除采用的评判标准有问题以外,启发式-偏差学派用来解释认知偏差的启发式也是比较笼统的概念,没有对潜在的认知过程进行明确的描述。同时,启发式由于与认知偏差绑定在一起,也遭到了"污名化"。吉仁泽

(Gigerenzer，1991）指出，从启发式一词被引入英语直至20世纪70年代，包括西蒙在内的不少学者在积极的意义上使用该词，认为它是导向正确结论的捷径，甚至可以帮助计算机变得更加智能，即进行效率更高的选择性搜索而不是大海捞针式的蛮力穷举。然而，启发式-偏差学派提出的三种主要的启发式（代表性、可得性以及锚定和调整）均为未加严格界定的概念，可以被用来解释几乎任何结果。例如，用代表性启发式来解释"工程师-律师"问题中的基础比率谬误实质上就是循环描述。更有甚者，随着越来越多的例外出现，为了解释那些相互矛盾的结果，该学派还在不断地增加更多未加界定的概念，但这并不能解决理论匮乏的根本问题。

受启发式-偏差研究取向的影响，有学者还提出了有关推理的双系统理论（Dual-systems Model；Sloman，1996），将快速的、联想式的、启发式的无意识直觉反应归为系统1，而将反应较慢、基于规则、分析式的有意识思考视为系统2，或分别称为"热"系统、"冷"系统，并且认为人同时出现相互矛盾的想法（如鲸鱼是否属于鱼类）就是双系统存在的证据，系统1容易犯错，而系统2的推理更为正确。卡尼曼（Kahneman，2011/2012）还专门出版了一本名为《思考，快与慢》的畅销书。不过，有不少学者从不同的角度对这样的二分法提出了批评。例如，克鲁格兰斯基和吉仁泽（Kruglanski & Gigerenzer，2011）指出，相互矛盾的想法并不必然证明存在双系统，也可以是单一系统（unimodal）基于不同的规则或线索进行推理，不同线索可能导向不一样的判断，直觉的和刻意的判断也可以依据同样的规则，因此重要的问题在于规则的选择，这又取决于特定情境下线索的生态效度，因此刻意的判断并不必然比直觉判断更准确。

## 三 基于非理性假设的助推

随着启发式-偏差学派在经济学领域的影响逐渐扩大，经济学重新迎回了一度遭到排斥的心理学取向，行为经济学开始兴盛。行为经济学的领军人物理查德·泰勒还联合曾经担任政府公职的法学家桑斯坦（Cass Sunstein）一起撰写了畅销书《助推》（Thaler & Sunstein，2009/2018），提倡要对大众进行助推，因为人是容易犯错且难以教化的。具体而言，在公共政策层面，通过提供由专家精心设计的选择架构，诱导人们在不知不觉中就能做出有利于自身福利的选择，如健康饮食、养老储蓄等。由于这样的干预手段不是强迫性的，也不对人们放任自流，因此被称为"自由家长主义"（libertarian paternalism）。表面上看，这样的做法是善意而无害的，其深层的人性假设却经不起推敲，更严重的是，助推并不能从根本上提升人的决策能力，甚至可能走向操控人心的歧路。

助推倡导者并不是第一个想到利用心理学的研究成果来影响、操控人类行为的。根据 Justman（1994）的记述，早在20世纪20年代，生活在美国的弗洛伊德的侄子伯奈斯（Edward Bernays）就声称自己得到精神分析学派创始人的真传，对人类的深层需求有着特别的洞察，可以更有效地帮助公司推广产品，或改善政客的公众形象。伯奈斯也确实策划了多个轰动一时的案例，被称为现代公共关系之父，还出版了《宣传》等畅销书。尽管他认为自己的策划推动大众释放了自我、满足了欲望，但他从根本上还是认为大众是非理性的，需要精英人士来塑造其观念和行为习惯，他所倡导的一些技巧也难免不被误用。Packard（1957）出版了一本营销学名著《隐匿的说服者》（The Hidden Persuaders），揭露了大公司如何利用精神分析和其他社会科学的洞见来影响人的行为习惯、购买决定以及思考过程。如此不顾科学伦理的应用最终引起了公众的警惕，也因为侵犯了人的自由意志受到了谴责。可惜，这种试图操控人心的意愿始终没有消停，总是伺机而动。

人并非不犯错误，但选择怎样的取向来促进理性的选择不能不考虑其背后的人性假设。吉仁泽等（Gigerenzer et al.，2019）对助推和自由家长主义的立足基础提出质疑，认为"人非理性且难教化"的观点过于武断且缺乏证据，指望可以依赖大公无私且有远见的选择架构设计师的想法也是不切实际的，专家和政策制定者都可能与被助推者存在利益冲突，所谓专业人士也不一定真的精于风险认知。他们还指出，要相信人的理性，相信普通人能够通过学习提升自己的风险认知能力，因此，采用适当的形式来加强教育才是比助推更加持久、有效的解决方案。

实际上，前述的公关专家伯奈斯的一个亲身案例就值得深思。他曾经帮助烟草公司打开了女士香烟的销路，将抽烟女性塑造为追求自由、解放的新女性形象，连他自己的妻子也成了烟民，但后来吸烟对健康的危害被研究陆续曝光，这是伯奈斯始料未及的。可见，究竟什么选择对人是有利的需要经受时间的考验，即使助推的设计师出发点是善意的，但由于现有知识的局限，也难免不会事与愿违、好心办了坏事，而设计师又如何能承担得起如此巨大的社会责任？以史为鉴，还是应当培养人的自主决策能力，避免受到不自觉的操控，并且学会为自己的选择负责。

迄今为止，从健康饮食、环境保护、财务到公益等众多领域进行了不少有关助推的研究，不过，目前看来，助推措施是否真的有效还很难说（Gigerenzer, 2023a: 79）。Mertens 等（2022）对 200 多个研究进行的元分析表明，各种助推措施的平均效应量处于小到中等的水平，仅有默认设置等极少数措施的效应量超过中等水平，同时，助推对改变饮食习惯比较有效，但在对个人有重要意义的财务领域的影响不大。他们还指出，那些助推无效甚至出现反作用的研究很少发表出来。对此，Maier 等（2022）从统计学的角度进行了分析，指出如果排除发表偏倚，助推的平均效应量几乎可以忽略不计。

进一步地，吉仁泽（Gigerenzer, 2023a: 81）指出，有关人工智能技术的夸大营销和歪曲叙事还让一些学者误以为人类的智慧将被机器全面地超越，人的选择和行为应当遵从算法的推荐或决定（包括学什么专业、做什么工作、跟谁结婚等），社会问题可以像程序错误一样被修复，这又升级成了一种新的"技术家长主义"（technological paternalism），如果真的如此发展下去，智能机器及其背后的大公司将成为无处不在的监控者和操纵者，这样的导向同样值得警惕。

总而言之，尽管启发式-偏差学派产生了巨大的影响，却仍然没有揭示人类理性的真实面目，反而滑向了非理性的一端。表面上看，非理性观与无限理性观是截然对立的，但实质上它仍然保留了无限理性观的核心思想，它们都以概率和逻辑规则作为理性的标准，只是在人类是否能达到这些标准的问题上存在分歧（Gigerenzer & Goldstein, 1996）。只有真正重视分析环境的结构及其与人的认知之间的配合，才能将西蒙（Simon, 1955, 1982）的有限理性观发扬光大。

## 第三节　生态理性

20 世纪 90 年代，德国心理学家吉仁泽及其团队开始提倡人的生态理性（ecological rationality）观点，它真正继承了西蒙（Simon, 1955, 1982）

的有限理性观，同样强调理性行为是人的认知机制适应环境结构的结果，更独特的贡献在于具体地推进了启发式的研究，包括各种启发式的规则描述、适用的环境结构分析以及启发式与其他策略的成效比较等（Gigerenzer et al.，1999/2002；Todd et al.，2012）。该团队由跨学科的专家组成，专家来自心理学、数学、计算机科学、经济学以及进化生物学等多个领域，根据当时的适应行为和认知研究中心（Center for Adaptive Behavior and Cognition）来命名，团队简称为 ABC 研究团队，属于德国马克斯·普朗克（Max Planck）人类发展研究所。如今，该中心已改名为适应理性研究中心（Center for Adaptive Rationality，ARC）。

生态理性学派不仅对启发式-偏差学派那些狭隘的观点进行了大力的批评，更是用切实的证据为启发式正名，显示它们可以帮助人类做出又快又好的决策，因此命名为"快速节俭启发式"（fast and frugal heuristics，或译为简捷启发式）。生态理性学派还在不断地前进，在社会性环境下关注人们如何利用来自他人的社会性线索，如何表现出社会理性。近年来，该学派还特别重视环境的不确定性，对信息匮乏的人类如何通过经验的摸索认识环境的特征并灵活应对环境开展了许多新颖的研究，取得了丰硕的成果。此外，生态理性学派同样关注促进人的理性选择，不过，与那种建立在人是非理性的假设基础上的助推做法不同的是，生态理性学派相信人的学习、适应能力，因此大力提倡对人进行赋能，即从根本上提升人的风险认知和决策能力。

## 一 环境线索的搜索与利用

生态理性观关注人如何适应不确定的环境，这不仅继承了西蒙（Simon，1956）重视环境结构的思想，还借鉴了 Brunswik（1952）有关环境线索利用的透镜模型。就知觉而言，Brunswik 认为，环境中存在各种不同的线索（cues），有机体可以利用已知的线索来推测未知的目标，例如，通过所见物体的清晰度来推测它距离自己有多远。特定线索与预测目标之间的相关系数被称为生态效度（ecological validity），人利用该线索进行推断的正确率则被称为机能效度（functional validity）。线索可以按照生态效度的高低排序，如果某条线索的值未知，就换一条线索，即不同线索可以发挥替代性的作用。可见，在不确定的环境下，由于缺乏直接知识，人只能利用不那么精确的线索做出概率性的推断。正如 Brunswik（1955：157）所言，上帝可能不用掷骰子，知识有限的动物和人类却不得不赌定某些事情。

除了关注可用的信息，还不能忽视信息的搜索和停止规则，这是西蒙（Simon，1956）所强调的，而传统观点只关注最后阶段的决策规则。据此，吉仁泽和库尔茨（Gigerenzer & Kurz，2001）将上述知觉模型发展为适用于快速节俭启发式的透镜模型：一方面，各种环境线索与预测目标之间存在不同的相关，即具有不同的生态效度；另一方面，决策者会对线索进行选择性搜索，如果线索的值已知并且足以对选项做出区分，即可停止搜索并做出决策。不同的启发式具有不同的搜索、停止及决策规则，对信息的要求也就不同，有的是优先搜索生态效度较高的线索，也有的是优先搜索最近的决策中管用的线索，还有的更加省时省力，直接利用任意一条已知的线索。例如，在推测两个城市中哪个有更多的人口时，如果发现一个城市的名称听说过，而另一个从没听过，就推断前者人口更多，不再搜索其他的信息；但是，如果碰到的是两个城市的名称都听说过的状况，就需要进一步搜索信息，此时如果想起一个城市有国际机场，而另一个没有，就推断前者人口更多；如果两个都是陌生的城市，则可以随机地猜测。至于人们如何知道不同线索的生态效度，主要基于人类进化而来的本能（如对配偶、食物的偏好）或后天习得的经验（Gigerenzer & Goldstein，1999）。

不少研究揭示，启发式并不会因为忽略信息而牺牲准确性，相反，在不确定的环境下，还会出现事半功倍效应，即利用少量的信息可以取得不亚于需要整合所有信息的复杂模型的表现（Gigerenzer & Goldstein，1999）。这意味着，信息并非越多越好，当超过某个临界点后，搜索更多的信息反而会既费时费力又降低决策的质量。根据布莱顿和吉仁泽（Brighton & Gigerenzer，2015）的分析，这种效应可以用偏差-变差的两难（bias-variance dilemma）来解释：复杂模型（如多元回归）利用从总体中抽取的多个样本进行训练，包含多个参数，可以达到对数据的完美拟合，预测的偏差小，但这些参数会受样本变化的影响而产生较大的变差，以至于在预测新样本时总的错误较大；相比之下，只从样本中提取少量信息的启发式会产生一定的偏差，但变差很小，在预测新样本时反而总的错误较小，表现更好。

## 二 对应性标准

无论是无限理性还是非理性的观点,评判标准采用的都是狭隘的概率解释和抽象的逻辑规则,即连贯性(包括一致性、可传递性、不矛盾等),基本上不考虑认知策略的现实成效,也不关心问题的内容是否对人类有特殊的意义。而生态理性观提倡的是对应性(correspondence)标准,主张将人的认知策略与环境联系起来进行评价,考察决策的准确性、节俭性及速度(Gigerenzer et al.,1999/2002:26-28)。也就是说,前者关注的只是人的行为之间的内部一致性,后者关注的则是行为产生的外部后果,显然,这对人的适应更为重要。值得注意的是,生态理性观将前人忽略的信息节俭性和决策速度也纳入了考虑,这提醒人们:信息不是现成的,而是通过搜索才能获得的,需要付出时间、精力乃至金钱的代价,那种不考虑信息从何而来或不计代价的策略是不切实际的;另外,在某些情况下(如生死攸关或要抢占先机),尽快决策才是首要的,此时强求最大化只会贻误宝贵的时机。

Arkes 等(2016)指出,以对应性标准去看,许多表面上不一致的行为其实是有益的、可取的,可称之为适应的不连贯性(adaptive incoherence)。实际上,行为是否符合逻辑不是人的根本目标,适应环境、达到效果才是真正的目标,如生活得健康、富足、快乐等。同时,生态理性观并不全然否定连贯性的价值,这要视具体情境而定,在某些情境下遵循连贯性规则才能保障公平或生存。例如,在向参与法庭判案的法官和陪审团成员呈现有关 DNA 匹配的证据时,采用同样清楚明了的信息表征(如均为自然频率),有助于他们正确地判断嫌疑人是凶手的概率,但如果采用的是在数学上等价却会引发不同理解的不一样的信息格式(如有的是自然频率,有的是条件概率),就可能导致不公平的裁决。又如,动物只有遵循可传递性原则才能正确地推测竞争对手的强弱顺序,才不会不自量力地向强大的对手发起错误的挑战。

Arkes 等(2016)还指出,研究生态理性通常包括以下四个步骤:第一,确定个人或群体的目标;第二,找到可以用来实现该目标的认知策略;第三,找到适合于该策略发挥作用的环境条件;第四,确定该策略在这种环境条件下的生态理性,即具体描述在何种环境条件下该策略能比其他的竞争策略取得更好的成效。迄今为止，研究者已经梳理出一系列的启发式及其适用条件，也探索了人们如何根据具体的情形来选用相应的启发式（Todd et al., 2012）。

## 三 社会理性

个人所处的环境不仅有物理环境，还有由他人构成的社会环境。吉仁泽（Gigerenzer, 2000/2006：249）提出，社会环境要求人们采用不同于物理环境下的策略（如效仿他人的行为而不用自己动脑筋），也要求人们注意社会互动中一些特别的信息（如别人是否在欺骗自己），人们表现出适应于社会环境的理性行为可称为社会理性（social rationality），它算是生态理性的一种特殊形式。相应地，对理性的评判就不宜采用一致性、最大化等标准，而要重视社会性目标、规范、价值观及动机的影响。例如，在社交场合，个人会为他人着想而克制自己的需求，这与私下里的表现是不一致的，却不是不合理的。又如，在竞争性环境中，不追求个体的利益最大化，反而有利于群体的生存、兴旺。此外，道德行为也是人与社会环境交互作用的结果，这就可以解释为什么同一个人在不同的场合下会表现出不一致的道德选择，或者为什么人们说的和做的不一致（Gigerenzer, 2010）。据此，若要引导人们表现出更多的道德行为（如助人、公益、环保等），改善环境、树立积极的榜样往往比讲大道理更有效。

吉仁泽（Gigerenzer, 2000/2006：271）还指出，人之所以擅长解决社会互动中一些有特殊意义的问题（如合作或欺骗），可能与进化所造就的特殊认知机制有关。早在有关条件推理的选择任务中就有研究者发现，即使问题所依据的逻辑规则是相同的，以城市交通规则为内容的问题也比抽象的数字-字母问题引发人们更多的正确回答（Cosmides, 1989）。后来，Cosmides 和 Tooby（1992）提出，社会生活已经让人类进化出一种特殊的认知机制，用来探测自己被欺骗的信息，可称为社会契约中的欺骗觉察，例如，在"如果你获得利益，那么你必须付出代价"这种常见的社会契约中，欺骗行为就是"获得利益却不付出代价"。受此启发，吉仁泽和哈格（Gigerenzer & Hug, 1992）设计了多个包含社会契约的条件推理问题进行研究，果然发现：当问题情境显示有被欺骗的风险时，绝大多数被试能做出正确的选择；此外，当被试所处立场发生变换时（如从老板变成员工），其选择也会发生相应的改变，即他们的注意力总是指向寻找自己（或所属的群体）被欺骗的信息。可见，认知推理的准确性不是与问题的内容无关的，而是会表现出领域特殊性（domain-specificity），当决策任务涉及社会互动中一些特别的适应性问题时，人会有较好的表现。

进一步地，赫特维希和赫尔佐格（Hertwig & Herzog，2009）指出，比起应对自然的挑战，社会性决策有一些特别的复杂性和不确定性：为了维护社会秩序并营造有利于合作的环境，需要顾及公平性、透明性以及责任担当等，因此不同的人可能会有相互冲突的目标，与道义有关的价值也很难做比较或交易；此外，人们对他人内心想法的了解也是有限的，再加上会有时间的压力，在这样的场合下，不可能进行最大化的计算。不过，复杂的环境并不必然要求复杂的决策策略，有一些快速节俭启发式特别适用于社会性场合，它们充分利用了人类的社会学习能力，或者是可得的社会性线索，如他人的行为、表情、意见、评价等。例如，通过模仿成功人士或大多数人的行为，个人不需要自己费力，就可以迅速地决策并且效果还不错。当各方意见不统一时，采用少数服从多数的原则可以快速地达成共识。平均分配或随机抽取也是一种能让各方都容易接受的原则。广泛征求意见然后加以平均往往可以非常接近正确答案，这体现了集体的智慧。另外，与他人的竞争或博弈也具有重要的适应意义，而"一报还一报"这样的简单策略便于个人做出合作还是背叛的选择，既避免被坏人剥削，也有可能实现双赢。目前，学者针对社会情境下的各种启发式也开展了不少研究，有助于揭示人的社会理性，据此还可为公共政策的制定提供参考从而增进社会的福祉（Hertwig et al.，2013）。

## 四 认知局限的适应功能

人的认知能力有限一定是弱点吗？对决策质量一定有害无益吗？生态理性观还提醒要从进化的角度重新审视认知局限的适应价值（Hertwig & Todd，2003）。

人的一个主要的认知局限体现在记忆方面，由于短时记忆的容量有限，人不能做到过目不忘，接触到的大量信息实际上没有保存下来。然而，神经学家 Luria（1968）多年研究的个案表明，一位拥有几乎无限记忆力的 S 先生，在日常生活中反而遇到了一些特殊的困难。例如，他能像录音机一样一字不差地记住演讲者的发言，但是，对各种没有必要记住的细节想忘也忘不掉，他感到熟人的面容处于持续的变化之中，思维只能停留在具象的层面，无法进行高层次的概括、总结或抽象的思考，这些都令他苦恼。可见，记忆力并不一定是越强越好，能够遗忘不需要记住的东西对认知功能的正常发挥是很有必要的。

实际上，有关语言学习的研究早就表明，记忆和加工方面的局限反而是有利的。Newport（1990）发现，在习得母语的过程中，儿童的记忆和加工能力有限可以让他们巩固已经学到的内容，为后面学习更多的内容打下坚实的基础；而心智发育成熟的成年人能一下子记住很多东西，但学起语言来更加困难。Elman（1993）在研究语言学习的神经网络模型时也发现，在起步阶段对记忆存储加以限制然后逐步增加才能让机器顺利完成学习任务。他认为早期的记忆局限就像信息输入的过滤器，能让注意力集中于最重要的内容，为后面的进步奠定基础。

就环境适应而言，记忆容量有限也能带来特别的优势，可以让人尽早探测到事物之间的关联或最近的环境变化。Kareev（1995，2000）的研究和分析揭示，虽然工作记忆容量限制了人从总体中抽样的多少，但小样本更有可能让人探测到总体中潜在的相关（如逃跑行为是否会引发猎食者的追逐），而在大样本中相关不会那么明显，也就是说，小样本对相关性有放大作用。尽管这是对总体的有偏差的估计，却让人不容易错过那些真正有用的关联，特别是事关生死时，虚惊一场要好过漏报导致的危险。此外，在探索环境时只抽取小样本还有另一个好处，即可以放大不同选项在回报上的差异，从而让决策更加容易（Hertwig & Pleskac，2010）。

正是由于从适应的角度来看待认知局限，生态理性观比有限理性观更进了一步，不只是承认这种局限，还强调基于有限认知能力的启发式可以产生不亚于复杂模型的表现。赫特维希和托德（Hertwig & Todd，2003）指出，好的决策不一定要求超凡的运算能力，而认知局限也不必然导致非理性的选择。他们还大胆地推测，与其说快速节俭启发式是认知能力有限的人类适应环境的结果，不如说认知能力受限是为了支持快速节俭启发式的应用。也就是说，为了使用这些启发式，人类只需进化出有限的认知能力就足够了。

基于对人类认知能力的积极看法，生态理性观也指出了一条促进理性决策的路径，那就是赋能（boosting；Hertwig & Grüne-Yanoff，2017），重点在于通过适当的教育来提升人的风险认知和决策能力，希望从根本上解决问题并且效果更加持久。也就是说，它并不否认人会犯错误，但只是将其视为学习过程中的暂时现象，最终将通往理性的目标。如今，针对赋能与助推究竟何者更加有效已进行了一些研究，两种取向在基本的人性假设和行动方案方面都形成了鲜明的对比。

总之，通过回顾过往可以发现，对人类理性观的认识经历了两次大的变革，第一次强调概率的计算，第二次则强调人的认知与环境相适应。生态理性学派真正继承了有限理性观，力求描述不确定情境下人类决策的真实过程，同时，通过揭示启发式的适用条件，也可以为理性决策提供切实可行的标准。

# 第三章 风险认知与风险偏好

面对医疗保健、投资理财、环境保护以及新兴技术等现实问题，要合理认知其中的风险并不容易，过分高估风险会让人趋于保守，过分低估风险则会让人过于冒险。人对风险的认知能力本身就存在个体差异，而长期以来不注重如何提供明确易懂的概率信息又可能加剧了人的偏差。不过，人并非不可教化的，通过适当的信息表征形式和学习，人可以在风险认知上变得精明。随着研究的开展，出现了各种与风险有关的概念和不同的测量方法，需要仔细梳理。通过全面地认识可能影响感知风险大小的个人的和情境的因素，可以更加合理地看待人在不同情境下发生的偏好反转，而不必武断地归咎为非理性。

## 第一节 风险认知的方法和能力

现实情境下单一事件发生的概率经常是未知的，需要人根据过往统计数据结合当下的证据进行推测，于是贝叶斯推理问题很早就吸引了行为决策研究者的注意，成为人类理性的试金石。早期的学者如爱德华兹（Edwards，1968）相信人是直觉的统计学家，但后来的一些研究纷纷发现人们不能很好地解决贝叶斯推理问题，连医生这样的专业人士也不能幸免（Eddy，1982）。不过，另外一些学者指出，贝叶斯推理问题是否容易解决与信息表征形式很有关系，当采用更加适合人类认知的自然频率格式时，人们能够有效地解决此类问题（Gigerenzer & Hoffrage，1995）。

## 一 贝叶斯推理与概率的表征形式

所谓贝叶斯推理（Bayesian Reasoning），是指基于新发现的证据对某种假设初始拥有的先验概率进行更新从而得到后验概率的过程，正确的后验概率可以依据贝叶斯原理（Bayes's Theorem）计算得出，据此可以评判人做出的概率更新是否符合贝叶斯原理（Mcdowell & Jacobs，2017）。

贝叶斯推理的一个重要应用领域是疾病筛查，医生需要结合某种疾病在人群中的流行率和个人的常规体检结果来估计个人真正患病的概率究竟有多大，如果高估了概率，可能导致进一步的检查、过度诊断或过度治疗，让人遭受不必要的痛苦。通常而言，检测手段不可能完全准确，会产生两种不同的分类错误：一种是假阳性，即个人的检查结果呈阳性但实际上并未患病，也称为虚报；另一种是假阴性，即检查结果呈阴性但实际上是患病的，也称为漏报。相应地，某种检测手段能够将真正的患者正确标记为阳性的概率被称为灵敏度（sensitivity）或命中率（hit rate），这是一种条件概率，可用 $p(D|H)$ 表示，$H$ 在此处代表患病的假设（hypothesis），$D$ 代表阳性结果这一证据（data），那么，假阴性率（false-negative rate）或漏报率（miss rate）就等于 $1-p(D|H)$。同时，检测手段误将正常人标记为阳性的概率被称为假阳性率或虚报率（false-alarm rate），可用 $p(D|-H)$ 表示，符号 $-H$ 代表没有患病，而能将正常人正确标记为阴性的概率被称为特异性（specificity），等于 $1-p(D|-H)$。一般而言，通过历史数据能够得知某种疾病在特定人群中的流行率（统计概率），可用 $p(H)$ 表示，可以作为先验概率，如果还能获得新的信息如某人检查结果呈阳性，就可以进一步推算出对个人更有参考价值的后验概率，即某个得到阳性结果的人真正患病的概率，可用 $p(H|D)$ 表示，也称为阳性预测值（Positive Predictive Value，PPV）。

以 Eddy（1982：253）的研究为例，医生看到的问题描述如下：

> 一名参加常规体检的40岁妇女患乳腺癌的概率是1%。如果一名妇女患有乳腺癌，其X光片呈阳性的概率是80%。如果一名妇女未患乳腺癌，其X光片呈阳性的概率是9.6%。现有一名该年龄段的妇女参加常规体检，其X光片呈阳性，那么，她真正患有乳腺癌的概率是多少？

结果显示，受调查的医生中绝大多数人过高估计了 X 光片呈阳性的女性患有乳腺癌的概率 $p(H|D)$，误以为高达 75%，远远超过了根据贝叶斯原理求出的 7.8% 的概率。究其原因，研究者认为，医生们将 $p(H|D)$ 与 $p(D|H)$ 混为一谈，忽视了先验概率 $p(H)$，即该年龄段的妇女中乳腺癌的流行率只有 1%；也可能是医生们忽视了假阳性率 $p(D|-H)$，即有一部分正常人的检查结果会被错误地标记为阳性。在这个临床诊断的研究之前，卡尼曼和特沃斯基（Kahneman & Tversky, 1973）也研究过诸如"工程师-律师"等贝叶斯推理问题，同样认为人们经常会犯忽视基础比率的错误，并归咎于他们使用所谓代表性启发式来进行推断。这些研究结果都挑战了人类是直觉的统计学家的观点，人的头脑似乎并未遵循概率规则进行推理。

那么，个人的检查结果呈阳性时其真正患病的概率 $p(H|D)$ 究竟应如何计算呢？根据吉仁泽和霍夫拉吉（Gigerenzer & Hoffrage, 1995）的看法，如果能知道以下的数据，计算起来将十分简便：得到阳性结果的人一共有多少个，可用 $n(D)$ 表示，这些人中真正患病的人又有多少个，可用 $n(D\cap H)$ 表示，这是一种合取频率，将后者除以前者即可得到 $p(H|D)$。由于检测手段会产生虚报，前述得到阳性结果的人数 $n(D)$ 中，既包括真正患病的人数 $n(D\cap H)$，也包括其实没患病的人数 $n(D\cap -H)$。具体的计算可用公式表示为：

$$p(H|D) = \frac{n(D\cap H)}{n(D)} = \frac{n(D\cap H)}{n(D\cap H) + n(D\cap -H)} \tag{3-1}$$

实际上，医生在长期的执业过程中会连续地遭遇不同的个案，这是一种自然取样的过程，根据积累的经验，他们可以方便地总结出各种自然频率：仍以前述乳腺癌的数据为例，假设医生碰到的 1000 名 40 岁女性中有 10 人会患乳腺癌，这 10 人中有 8 人是能检查出阳性的（另外 2 人却没能查出来），而 990 名正常女性中也有 95 人会得到阳性的结果，这样共有 8+95=103 人得到阳性的结果，那么，检查结果呈阳性的人真正患病的概率 $p(H|D)$ 就是 8/(8+95)，约为 7.8%。如果根据上述数据画出频率的树形图，答案将更加一目了然。

然而，自从百分比形式被用来表示概率以后，像 Eddy（1982）这样的

研究并不提供人们易于理解的自然频率，而是给出前述问题中的百分比形式，而这种标准化后的概率格式会让 $p(H|D)$ 的计算公式变得复杂起来：

$$p(H|D) = \frac{p(H) \times p(D|H)}{p(H) \times p(D|H) + p(-H) \times p(D|-H)} \quad (3-2)$$

这就是教科书中常见的贝叶斯公式：分子表示真正患病且能检查出阳性结果的概率，需要综合考虑疾病在人群中的基础比率（先验概率）和检测手段的命中率，为二者的乘积；分母则表示所有参与检查者会得到阳性结果的概率，等于真正患病且能被查出阳性的概率和加上未患病却也被查出阳性的概率。将前述乳腺癌问题的百分比数据代入这个公式可以得到：

$$p(H|D) = \frac{0.01 \times 0.80}{0.01 \times 0.80 + 0.99 \times 0.096} \approx 0.078 \quad (3-3)$$

上述两种不同的计算方法本质上都基于贝叶斯原理，但计算的难易程度不同，这再次显示，数学上等价的信息在认知上不一定等价，不同的信息格式可能引发不一样的推断过程。吉仁泽和霍夫拉吉（Gigerenzer & Hoffrage, 1995）指出，前人研究中人们很难解决贝叶斯推理问题并不是因为人们不够理性，而是因为那些研究者采用的概率表征方式并非人类在长期进化过程中习惯了的信息格式。他们的研究还表明，当把百分比形式的条件概率换成自然频率格式来呈现各种信息之后，人们的表现会大幅提升，不会再出现所谓忽视基础比率的现象，因为自然频率本身就携带了基础比率信息。Mcdowell 和 Jacobs（2017）对 35 项有关贝叶斯推理问题的研究进行了元分析，也发现自然频率格式对贝叶斯推理问题的促进作用是最好的，同时，各种直观的图形（树形图、欧拉图、图标阵列等）也有明显的辅助作用，因为图形可以让全集与子集之间的关系清晰化，这些结果都再次验证了生态理性的观点，即人的认知机制在适宜的环境条件下才会有效地发挥作用。

许多现实问题本质上可以转化为贝叶斯推理问题，当然，人们接触到的信息往往是纷繁复杂的，需要自行整理并提取出关键的几个概率。为了帮助普通人和专业人士更好地进行贝叶斯推理，不少学者正在大力地推广自然频率格式和图形辅助方式。泽德尔迈尔和吉仁泽（Sedlmeier & Gigerenzer，2001）比较了自然频率和标准概率两种不同格式的教学效果，结果证实，前者不仅能让人更有效地进行贝叶斯推理，而且效果更为持久，时隔几个月也不会遗忘。

## 二 虚报与漏报的错误率

总体中目标人群所占的基础比率一般是相对稳定的，而不同检测手段的漏报率和虚报率则有高有低，这就决定了采用不同检测手段得出的后验概率有所差异，显然，这两种错误率同时越低，阳性结果就越有意义。实际上，除前面介绍的躯体疾病的筛查以外，诸如心理障碍的诊断、法庭判案的证据采信、人员选拔、产品质量检查等问题，只要涉及对目标对象进行分类，就可能产生这两类不同的错误，并且二者往往呈现此消彼长的关系（Katsikopoulos et al.，2020：41）。例如，一种极端的做法是将所有对象都标记为属于某个类别，此时相当于100%的命中率或漏报率为0，却会造成大量不属于该类别的对象被错误地纳入，即虚报率较高。相对地，另一种极端的做法是将所有对象都标记为不属于该类别，此时虚报率降至0，却又会导致属于该类别的对象被错误地排除，即漏报率较高。可见，在评估、选择或实施检测手段时，最好对这两方面的错误率都进行考察并报告出来。

临床心理学家Meehl和Rosen（1955）很早就指出，专门为特殊群体开发的测验不一定适于对全体人群开展大规模的筛查，因为目标对象在总体中的基础比率一般是极低的，但由于人群的基数太大，即使虚报的概率很小，被错误筛选出来的绝对人数也不少，此时筛查带来的收益远远比不上可能造成的伤害。更有甚者，如果在呈现信息时刻意地省略虚报的概率，将有可能误导人的决策。Katsikopoulos等（2020：40）曾报告过一个真实的事件，2019年德国某大学宣称开发出了一种新的筛查乳腺癌的血液测试，命中率可达75%，然而，在专业人士的追问下，研究者承认虚报率达到了46%，显然，这并不是真正有效且安全的检测手段，还不如现有的X光检查，后续调查更是揭示，原来这背后牵涉到为关联企业谋取不当的商业利益。

鉴于不同检测手段的虚报率与漏报率有所差别，在应用时要特别注意平衡好这两方面的问题。例如，有关HIV病毒的筛查，Katsikopoulos等（2020：14）指出，在生活方式低风险的人群中，并不是进行越多的筛查就越好，因为可能造成大量的虚报，一种不超过三个步骤的快速节俭决策树显得切实可行：第一次可以采用漏报率相对较低的检测试剂，如果个人的结果呈现阴性，则归为没有感染该病毒，不必进行再次检测；如果呈现阳性，则采用同样的试剂（但生产厂家不同）进行第二次检测，如果本次呈现阴性，则归为没有感染，不必进行第三次检测；如果仍然呈现阳性，则换用虚报率较低的另外一种试剂进行最后一次检测，如果本次呈现阴性，则归为没有感染该病毒，但如果还是呈现阳性，则归为感染了该病毒。

另外需要注意的是，在具体的现实领域，不同利益相关方受到上述两类错误的影响会有所不同。例如，Rebitschek等（2021）有关算法决策错误率估计的调查发现，德国民众最高能接受的信用评分算法系统的漏报率和虚报率分别为5%、6%，不过，对个人而言，更关注的还是单个人受到预测错误的影响如何，由于信用违约者在总体中的基础比率仅为2.1%，根据以上数据可以算出民众能接受的算法表现水准如下：一个被算法系统标记的人真正违约的概率（阳性预测值）至少要达到63.2%，一个未被标记的人不会违约的概率（阴性预测值）至少要达到99.5%，同时，一个违约者不会被标记的概率最大不能超过0.5%，而一个不会违约者被错误标记的概率最大不能超过36.8%。显然，处于不同立场的人对算法的表现会有不同的理想化预期：算法研发者会希望阳性预测值越接近100%越好，房东或债权人会希望阴性预测值越接近100%越好，违约者会希望被错误排除的概率越接近100%越好，但不会违约者会希望被错误标记的概率越接近0越好。可见，在评估、选择或实施检测手段时还应考虑对不同利益相关方造成的后果，如果不得不做出权衡，应尽量避免那种更不希望看到的错误。

## 三 相对风险与绝对风险

现代人越来越关注风险的预防，希望通过检测或干预减少负面后果的风险，由于概率的表征形式不止一种，这就涉及采用绝对风险还是相对风险的形式来表述。绝对风险减少（absolute risk reduction）能完整地保留原始的基础比率信息，相对风险减少（relative risk reduction）则将绝对数值转化为百分比，显得更加简洁，但因为省略了一些信息而可能对人造成误导。前文已经反复提醒，数学意义上等价的信息在人的认知上不一定等价，不同的表征形式可能让人形成不同的风险认知，进而影响决策。

例如，吉仁泽等曾向德国民众调查了这样一个问题，假定1000名40岁及以上的妇女定期参加乳腺癌筛查可以将死亡率降低25%，这意味着到底能挽救多少人的生命？结果显示，不少女性认为能减少多达500人死于乳腺癌（Gigerenzer et al.，2007）。实际上，正确答案为1000人里仅能减少1人的死亡，回答正确的人非常少。此前Domenighetti等（2003）对美国、英国、意大利和瑞士等国的女性也开展过一个类似的调查，直接询问了参加筛查的好处但并未提供风险减少的数值，许多女性回答能拯救80人甚至更多。究其原因，很可能在于广大女性平时耳闻目睹的信息往往不会表述完整，也不会特意提醒概率数值究竟是相对的还是绝对的，这就造成了普遍的误解。完整的信息如果用绝对数值来表述，就是1000名从不参加筛查的妇女中会有5人死于乳腺癌，而1000名定期参加筛查的妇女中仍会有4人死于乳腺癌，绝对风险减少为5/1000−4/1000＝1/1000，即0.1%。相应地，相对风险减少为（5−4）/4＝0.25，即25%，显得数值更大，自然容易让人高估参加筛查的好处。另外有些表述涉及的是相对风险或绝对风险增加了多少，同样需要注意区分。一般而言，反映相对风险的百分比数值显得较大，而反映绝对风险的数值显得很小，这就可能影响人们对检测或干预手段的利弊大小的认知。当然，在选用绝对风险数值时也要注意避免让人产生另外一种错觉，即因为绝对风险数值显得很小而忽视干预手段的有效性或危害的可能性，为此可以同时提供一些背景信息或参照标准帮助人们合理评估（Gigerenzer et al.，2007）。

在采用绝对数值形式来表示不同手段导致的风险减少或增加时，要注意完整地列出分子和分母并且采用相同的分母。Garcia-Retamero等（2020）对整形外科医生的研究表明，目前医学期刊上有关不同手术方案导致副作用的人数比例常常会有五花八门的表征形式，有的只呈现分子却没有分母，还有的呈现了不同的分母而让人难以直接比较分数的大小，这就导致即使是经验丰富的医生也很难合理评估不同手术的风险。作者呼吁，研究报告应重视如何清楚明了地表达风险，采用相同的分母有利于医生更容易地理解副作用的风险到底减少或增加了多少，如果画出了辅助的图形，也要更加规范（如采用相同的坐标轴等）。

鉴于绝对风险和相对风险在数值上相差较大，有时人们还会选择性地将二者进行"搭配"来影响受众对有利与不利后果的感知。例如，Gaissmaier等（2014）向医生呈现了不同的假设情境，结果发现：当要求推荐某种药物时，相对于安慰剂而言，部分医生会采用相对风险形式来突出药物的疗效（数值显得较大），却采用绝对风险形式来呈现药物的副作用（数值显得很小）；当要求不推荐该药物时，这些医生则会反其道而行之，即采用绝对风险形式来呈现药物的疗效（数值显得很小），却采用相对风险形式来突出药物的副作用（数值显得较大）。可见，人们不仅需要注意区分绝对风险和相对风险，还要注意是否存在通过不一致的形式来凸显有利或不利之处的情形，以避免受到误导。

### 四 风险认知能力及其测量

Garcia-Retamero等（2019）指出，现代人应增强统计运算能力和风险认知能力，尤其是在医疗保健和财务这两大领域，前者事关健康与生命，后者事关经济保障。通过回顾过往的研究，他们发现，这两种能力能够预测人们在医疗保健和财务领域的诸多表现，值得引起重视。

统计运算能力（statistical numeracy）是一种理解统计、概率信息的认知能力，反映了个人能在多大程度上理解比例、分数、百分比等不同形式的数据并进行比较、转换或计算，在此基础上形成的风险认知能力（risk literacy）则决定了个人能否合理地评估、理解风险并据此做出适当的决策（Cokely et al.，2012）。

Schwartz等（1997）曾编制了3道题目来测量人们是否拥有最基本的统计运算能力，在此基础上，Lipkus等（2001）增加了不少医疗风险的问题从而形成了一个新的测验，总共11道题目，例如，"有关人们患病的风险，以下哪个数值代表的风险最大：1/10、1/100、1/1000"。不过，后来的一些研究表明这两个测验对受教育程度高的人来说显得过于简单，于是，Cokely等（2012）又编制出了柏林计算能力测验（Berlin Numeracy Test），总共4道题目，几分钟就能快速测量人的统计运算能力和风险认知能力。如果通过计算机联网（http://www.riskliteracy.org）进行测验，程序会根据个人对第 1 题的回答正确还是错误而自动给出下一道更难或更容易的题目，因此只需回答 2~3 道题就可得出个人在群体中所处的百分位（如超过了 75% 的人）。如果采用纸笔测验，则需要做完全部的 4 道题目。如果时间紧张，可以采用只有 1 道题的简化版本。如果偏好做多项选择题，也有相应的版本可供选择。

此外，为了测量人们对采用图形呈现的统计数据的理解能力，Galesic 和 Garcia-Retamero（2011）还编制了图形风险认知能力测验（Graph Literacy Scale）。该测验基于医疗情境，涉及治疗手段的有效性、危险后果的风险及疾病的流行率等，包括饼图、柱状图、线条图及图标阵列，可以测量从初级到高级的图形风险认知能力。初级水平测量的是从图形中直接读取数据的能力，例如，根据柱状图中柱子的高度看出某年的疾病发生率是多少。中级水平测量的是理解不同图形之间的关系或比较其差异的能力，例如，在哪个时间段的疾病发生率更高。高级水平测量的是根据图形进行推论或预测的能力，例如，根据线条的走势预测未来某一年的疾病发生率将达到多少。两位作者在德国和美国对不同年龄和受教育程度人群的抽样调查发现：图形风险认知能力与统计运算能力有显著的相关；在统计运算能力较低的这部分人中，有些人的图形风险认知能力还不错，这提示我们，对那些理解数字有困难的人，可以采用适当的图形来帮助其理解统计信息；不过，仍有一部分统计运算能力较低的人对图形的理解能力也较低，需要加强培训或探索其他更有效的方法。

在医疗保健领域，根据 Garcia-Retamero 等（2019）的总结，统计运算能力会影响人们对风险的估计和相应的医疗决策及其后果。他们发现，统计运算能力弱者更有可能高估自己患病的风险或疗法的有效性，但低估常规筛查产生误诊的可能性，更愿意任由医生替自己做决定，更不容易遵从有关服药或生活方式（如饮食或行为控制等）的要求，也就更有可能出现并发症、拖延就医或看急诊等状况。相比之下，统计运算能力强者更有可能合理地认知医疗方案的成效与风险，更积极地与医生沟通从而做出适合自己的决策，也更不容易出现不利的后果。

类似地，Garcia-Retamero 等（2019）还梳理了统计运算能力在财务领域的影响。他们发现，在模拟的金钱决策情境下，统计运算能力强者更有可能做出符合效用最大化的选择，思考得更细致、全面，也更不容易受到干扰信息的影响。另外，对于现实的财务决策问题（如信用卡使用、投资、理财、贷款等），个人的统计运算能力可以有效地预测其财务认知能力（financial literacy；Fernandes et al.，2014），后者又会影响其财务决策质量（如个人财富的积累）。更有甚者，民众的统计运算能力还能在一定程度上预测国家的国内生产总值（GDP）。

由上文可见，有必要大力探索如何才能有效地提升人们的统计运算能力或风险认知能力，这样不仅是医疗保健与财务领域，现实生活中其他方方面面的决策都有可能受益。同时需要注意的是，正如吉仁泽等（Gigerenzer et al.，2007）所呼吁的，提供适合于人类认知加工的信息格式将有助于促进风险认知和风险沟通。他们还针对医生和从事新闻报道、教育培训、科普宣传的专业人员提出了很多有益的建议，例如，采用频率（而不是单一事件概率）、自然频率（而不是标准化的条件概率）、绝对风险（而不是相对风险）的表述形式，给出参照群体或参照标准，完整地告知好处与害处，提醒虚报与漏报的错误等。另外可供利用的简易工具是图形辅助，其对普通人和专业人士理解统计信息都很有帮助（García-Retamero & Cokely，2017）。

## 第二节　风险偏好与风险态度

通常而言，相比稳妥的结果，如果人们希望获得更大的收益，往往要承担一定的风险，即可能会一无所获乃至遭受损失。于是，人们选择稳妥的还是有风险选项的倾向就被称为风险偏好（risk preference），一些机构希望根据个人的风险偏好来推荐相应的产品或服务，因此很关注对风险偏好的测量。不过，个人的风险偏好不一定是稳定不变的，在收益或损失情境下会表现出风险厌恶或风险寻求的不同倾向，对待损失又比收益有更强烈的反应。此外，在日常生活中涉及财务、运动、社交、健康等不同的领域，人们也不会采取同等程度的冒险行动，例如，喜欢股票交易的人不一定愿意去蹦极。这些都提示我们，人们外显的风险偏好可能同时受到相对稳定的心理特质和具体情境两方面的影响，因此有必要将风险态度从风险偏好中分离出来，并且针对特定的应用领域去编制测量工具。

## 一 收益与损失情境下的风险偏好

根据前景理论（Kahneman & Tversky，1979），人们会基于某个参照点将结果评估为收益或损失并做出不同的选择：在收益情境下，尽管风险选项有可能带来巨大的收益，但也有可能让人一无所获，由于此时选项的主观效用同其客观价值之间的函数关系呈现为凹形，即随着价值增大而边际效用递减，人们会更倾向于选择确定获得收益的选项而不是风险选项，即风险厌恶（risk aversion）；而在损失情境下，尽管风险选项有可能造成巨大的损失，但也有可能让人一无所失，由于此时选项的主观效用同其客观价值之间的函数关系呈现为凸形，即随着损失加大负面的效用不会同等程度地增加，人们会更倾向于选择风险选项而不是确定会损失的选项，即风险寻求（risk seeking）。通过将客观的价值转化为主观的效用，前景理论预测人们在不同情境下会表现出风险偏好的差异。

具体地，研究者设计了一系列的金钱博彩选择题来测量人们在收益或损失情境下的风险偏好。例如，Hsee 和 Weber（1997）要求个人在确定选项与风险选项之间进行选择，如"100%获得400元"相对于"50%的可能性获得2000元，50%的可能性获得0元"（收益情境），或者"100%损失400元"相对于"50%的可能性损失2000元，50%的可能性损失0元"（损失情境）。收益情境与损失情境各有7道选择题，风险偏好指数（Risk Preference Index，RPI）为选择风险选项的次数加上1，因此两种情境下RPI的得分范围为1~8，得分越高，显示其越是风险寻求，越低则越是风险厌恶。

另外，Lejuez 等（2002）设计了一个虚拟的充气球实验来揭示个人的风险偏好，称为气球仿真风险任务（Balloon Analogue Risk Task，BART）。这是一个动态的任务，每个气球的最大充气次数是在一定范围内随机指派的，随着个人给气球充气次数的增加，所获的奖金也在递增，但气球爆炸导致奖金归零的概率也在增加，个人可以主动选择停止充气以保全奖金，最后采用所有未爆炸气球的平均充气次数作为个人风险偏好水平的指标。后续研究发现，该任务的得分能有效预测现实中酗酒、吸烟、网络成瘾、药物滥用等不良行为（Hopko et al.，2006；Lejuez et al.，2003；Lejuez et al.，2007）。不过，Schürmann 等（2019）的实验揭示，气球首次爆炸的充气次数多少（如13次、65次还是98次）对个人后续的概率估计和充气行为有影响，也就是说，充气次数不一定完全反映了个人的风险偏好，还可能有早期经验的差异，如果要识别出真正的冒险者，需要对此加以控制。

## 二 风险态度

在金融投资领域，风险一般指的是资产回报的波动性或变异性，资产的定价或投资决策需要在回报与风险之间进行权衡。二者之间一般具有正相关关系，高额回报往往伴随着巨大的风险。如果人们预期能获得的收益远远超过风险，还是可能选择冒险。这意味着，即使人们对风险持有厌恶的态度，也不一定会妨碍他们在行为上去冒险，这取决于预期的收益（expected benefit）和感知的风险（perceived risk）之间的比较。基于上述框架，Weber等（2002）提出，应将风险偏好与风险态度（risk attitude）区分开来，前者反映了人们的选择或行为，在不同领域或情境下可能发生变化，但人们对待风险的态度可以是相对稳定的。具体地，人的风险偏好由预期收益和感知风险共同决定：

$$\text{preference}(X) = a\,[\text{expected benefit}(X)] + b\,[\text{perceived risk}(X)] + c \tag{3-4}$$

其中，系数 $a$ 代表个人对预期收益的态度，系数 $b$ 代表的才是对感知风险的态度（正值表示喜欢风险，负值表示厌恶风险），$c$ 是一个常数。Weber 等还认为，在财务（分为投资和博彩）、娱乐、健康/安全、社交及伦理等不同的领域，人们预期的收益和感知的风险有所不同，风险偏好体现出领域特殊性，应分别测量。他们编制了涉及上述5个领域的测量工具，合计40题，称为特定领域的冒险量表（Domain Specific Risk Taking Scale, DOSPERT），要求个人分别对每个领域中自己做出各种冒险行为的可能性及其预期收益和感知风险进行评估，然后，对此三项得分进行回归分析，即可得到 $a$、$b$、$c$ 三个数值，通过上述过程，就可以澄清个人在特定领域的风险偏好与对待风险的态度究竟是怎样的。

Weber 等（2002）的研究证实，人们在不同领域中的冒险倾向差异主要源于他们对预期收益和感知风险的评估有所不同，并不是因为风险态度发生了消极或积极的反转，实际上系数 $b$ 的平均值都为负数，绝大多数人对不同领域的风险基本上持有厌恶或中性的态度，风险寻求的人相当罕见。同时，尽管在多数领域男性比女性更愿意从事冒险行为，但也并不是因为二者在风险态度上存在显著差异（其实均为风险厌恶），而是因为二者对预期收益和感知风险大小的评估有所不同。此外，人们对预期收益和感知风险的评估显示出一种"晕轮效应"，即预期收益越大时反而认为风险越小，而二者本来应当为正相关关系。研究者还提醒，厘清是风险态度还是感知风险上的差异对采取合适的干预措施具有重要意义，如果当事人过分保守的原因在于对风险大小有着不切实际的认知，那么需要加以修正的是其风险感知，而不是其风险态度。

迄今为止，学者利用 DOSPERT 量表开展了许多研究，Blais 和 Weber（2006）还将它修订为 30 道题的简化版本，中国学者也翻译得到了中文版本（Du et al.，2014；Hu & Xie，2012）。元分析的结果表明，DOSPERT 及其各个分量表都显示出较好的信度（Shou & Olney，2020）。同时，风险偏好的领域特殊性已被不少研究证实，在越是相同的领域，风险偏好对选择或行为的预测效果越好。由于 DOSPERT 的财务分量表又被细分为投资和赌博两个方面，Markiewicz 和 Weber（2013）的模拟股票投资研究发现，能有效预测个人投资者的过度交易行为的是赌博而不是投资的倾向，过度交易（甚至当天之内买进卖出）的人追求的是刺激、兴奋而不一定是金钱收益，因为这样反而会产生过高的交易费用，得不偿失。此外，鉴于领域特殊性在进化心理学中被广泛认可，Wilke 等（2014）编制出了进化风险量表（Evolutionary Risk Scale，ERS），旨在测量与生存繁衍目标密切相关的冒险倾向，其包括 10 个领域：群体间竞争、群体内竞争、地位/权力、环境探索、食物选择、食物摄取、亲子冲突、亲属关系、伴侣吸引以及伴侣关系维持。该量表一共有 30 道题目，其本质与人类祖先经常遭遇的挑战是相似的，但表述符合现代的生活情境，例如，"冒着生命危险将父母从着火的房子里救出来"（亲属关系分量表），"尝试在朋辈团体中成为领导者"（群体内竞争分量表）。研究者还发现，男性在多数领域的冒险倾向超过女性，但女性在食物选择和亲属关系这两个领域的冒险倾向超过男性。此外，目前未婚或没有稳定对象的人在伴侣吸引和伴侣关系维持这两个领域的冒险倾向较高。

## 三 一般性的风险偏好

尽管一些学者认为风险偏好是因特定领域而异的，但也有学者认为同时存在心理特质式的一般性偏好，就像智力研究揭示有一种一般的智力因素 $g$ 可以在一定程度上解释人们在不同测验中的表现。Frey 等（2017）指出，风险偏好测量可大致分为以下三类：自我报告的冒险倾向、行为实验的表现以及现实生活中从事风险行为（如抽烟、喝酒、药物滥用、赌博成瘾等）的频率。他们对 1500 多名成人采用 39 种不同工具进行了跨领域的测量，结果发现，个人自我报告的冒险倾向和现实生活中从事风险行为的频率这两类测量工具有较高的一致性和重测信度，并且可以提取出一种一般性的因素 $R$，但个人在多为金钱博彩任务的行为实验中则表现得不太稳定，受具体情境的影响更大。据此，研究者认为，与智力类似，风险偏好既包含一般的成分，也包含特殊的成分，同时，需根据应用的目标来选择恰当的测量工具，自我报告的冒险倾向不一定就是有偏见的或不准确的，而行为实验的表现不一定能完全反映风险偏好，有可能混杂了其他策略。

同样是提倡一般性风险偏好的观点，Arslan 等（2020）的研究表明，只采用一个一般性的风险问题（the General Risk Question，GRQ）也能有效地揭示个人的风险偏好，即询问"你通常是一个喜欢冒险还是不愿意冒险的人"并要求在从 0 到 10 的等级上进行评分。研究者分析了近 3500 名德国民众的自评得分及其描述的具体事例之后发现，人们的评分并不是随意的，具有适当的事实依据，这些事例描述还能让旁观者比较准确地推测其风险偏好。人们最容易回想起的风险领域包括投资、人际关系、人身安全、交通、工作或专业选择、运动、旅行、健康等，而学术研究中常被考察的金钱博彩问题其实提到的人并不多。这提醒我们，风险偏好的测量需要选用更有现实意义的领域，金钱博彩任务不一定能揭示个人的风险偏好。

## 四 对风险的情绪反应

由于情绪在风险感知、风险选择以及风险沟通中起着不可忽视的作用，因此人们在决策中的情绪反应引起了研究者的关注。传统的情绪问卷题目偏多，为了更有针对性地测量与风险情境有关的积极情绪和消极情绪，Petrova 等（2023）编制了一个简短的问卷，称为柏林风险情绪反应问卷（Berlin Emotional Responses to Risk Instrument，BERRI）。该问卷只包括6个形容词，测量积极情绪的3个词为确信的、有希望的和释然的，测量消极情绪的3个词为焦虑的、害怕的和担忧的，从"完全不是"到"非常高"进行7点评分。他们的研究发现，该问卷具有良好的信度和效度。具体地，在医疗风险沟通的情境下（介绍癌症筛查的好处和副作用），人们的积极、消极情绪反应能有效地预测其预期收益、风险感知和行为意愿。进一步地，针对多个不同领域中具有不同的后果严重性和发生概率的问题，上述6个词同样能有效地预测人们的预期收益、风险感知和行为意愿。同时，风险认知能力不同的人对不同的后果严重性和发生概率的问题也会产生不同的情绪反应，风险认知能力较高的人会有比较相称的情绪反应。在前述DOSPERT量表上显示出有较高冒险倾向的人会有较高的积极情绪，冒险倾向较低的人则会有较高的消极情绪，且会因不同的后果严重性和发生概率而发生变化。此外，在采用不同的信息呈现格式时，该问卷也能比较敏锐地反映出情绪反应的变化。

## 五 损失厌恶

需要注意的是，前景理论（Kahneman and Tversky，1979）还描述了损失厌恶（loss aversion，也译为损失规避）的现象，后人常常将它与风险厌恶相混淆，近年来的研究表明它可能是体现风险态度的另一种不同的指标。简而言之，风险厌恶主要是相对于结果的不确定性而言的，而损失厌恶反映的是损失相对于收益而言引起的主观效用变化更大，也就是说，由于主观效用在损失区域下降更快，比起新增一定的收益，人们遭受等量损失时所产生的负面效应更大，所以宁可维持现状，也不愿意冒险。与测量风险厌恶不同的是，在设计测量损失厌恶的选择题时，需要同时呈现收益与损失，如"100%获得0元"相对于"50%的可能性获得1000元，50%的可能性损失1200元"。如果个人倾向于选择后一种预期价值为负的选项，则被称为损失容忍（loss tolerance）。为了弥补以往测量方法的不足，Chapman等（2018）提出了动态优化的系列实验法（Dynamically Optimized Sequential Experimentation，DOSE），其能够自动化地根据每个人在前面的选择来提供后续的一系列选择题，即题目中金钱数值不是固定的而是个性化的。其选择情境分为三类，即收益情境、损失情境以及既可能有收益也可能有损失的情境，这样就可以根据个人的选择结果分别计算出反映收益或损失情境下风险厌恶程度的参数 $\rho$，以及兼有收益和损失情境下的损失厌恶参数 $\lambda$（$\lambda<1$ 时为损失容忍，$\lambda>1$ 时为损失厌恶）。利用这种新测量方法，Chapman 等（2022）对来自美国的代表性大样本的调查发现，57%的人表现出损失容忍（尽管其中绝大多数是风险厌恶的），而以往研究在大学生群体中发现仅有 13%~30% 的人是损失容忍的。同时，该研究还显示，认知能力较高的人多为损失厌恶，认知能力较低的人多为损失容忍，而损失容忍程度越高的人，越多地参与形形色色的赌博活动或投资于股票，越有可能遭遇财务上的打击，其总资产也相对越低，相比之下，风险厌恶同这些实际行为之间没有明显的关联。据此，研究者认为，在风险厌恶之外，损失厌恶是体现风险态度的另一种独特的指标。

针对损失厌恶并不像前景理论预测的那么普遍的研究结果，勒亚若佳等（Lejarraga et al.，2019）指出，这可能是因为前人未将它与损失关注区分开来，也就是说，人们可能对损失表示特别的关注，但不一定不去冒险。从进化的角度而言，人们关注负面的后果具有适应意义，收益可能让人锦上添花，但损失也许是致命的。Lejarraga 等在实验中追踪了决策者搜寻信息过程中的鼠标移动和点击情况，结果发现，大多数决策者查看选项的损失及其概率的时间确实比查看收益时间更长，不过，根据其最终的选择结果计算出的参数 $\lambda$ 显示，只有小部分人是损失厌恶的（$\lambda>1$）。据此，研究者认为，损失关注只是损失厌恶的必要而不充分条件。

人们对损失的关注可以在另一个关于投资风险的研究中得到验证。金融资产的差别体现在投资回报率的平均值、变差、分布的偏态性以及峰度等多方面。传统上认为反映风险大小的主要是投资回报的方差（或称波动性），却忽略了偏态分布的影响，实际上在其他参数相同的情况下，正偏态比正态或负偏态的分布具有更大的发生损失的概率，这提示我们，分布的偏态性很可能会影响人感知的风险大小。Holzmeister 等（2020）对来自 9 个国家的大规模样本的研究证实，无论是金融行业从业者还是外行人士，投资回报率的方差更大并不会让人感知到的风险更大，但正偏态分布令人感知到的风险要大于正态分布，后者的感知风险又大于负偏态分布，也就是说，投资选项产生损失的可能性越大，人们的感知风险就越大，而感知风险又会负向地影响投资的意愿。据此，研究者建议，有关资产的风险，最好还要介绍回报分布的偏态性，这样更符合人感知风险的需要。

总之，人们对待风险和损失的态度存在个体差异，选项的结果分布又可能同时涉及收益与损失，这些都可能使人们在不同情境下表现出不一样的风险偏好。

### 六 相对风险与变异系数

正如前面已经提到的，在金融投资领域，风险一般指的是资产回报的波动性或变异性，通常用方差或标准差（Standard Deviation，SD）来衡量，在预期回报（Expected Value，EV）相等的条件下，风险选项的标准差越大，人们感知的风险就越大，进而越有可能选择确定选项而不是风险选项。不过，Weber 等（2004）根据来自动物和人类风险偏好的研究结果提出，对风险偏好预测效果更好的并不是回报的标准差，而是标准差相对于预期回报的比值，即每单位回报的风险或相对风险，可称为变异系数（Coefficient of Variation，CV），其计算公式为 $CV = (SD/EV) \times 100$。例如，"100%获得 9 元"与"90%的可能性获得 10 元，10%的可能性获得 0 元"这对选项相比时，风险选项的 SD 为 3 元，相对于较大的 EV 值 9 元来说，CV 仅为 33，显得风险较小，果然有高达 76%的人选择了风险选项；而"100%获得 1 元"与"50%的可能性获得 2 元，50%的可能性获得 0 元"这对选项相比时，风险选项的 SD 同样为 3 元，但相对于较小的 EV 值 1 元来说，CV 增至 300，显得风险较大，结果仅有 32%的人选择了风险选项。Weber 等还发现，CV 的预测效果在基于经验的决策情境下更好，也就是说，个人通过反复地抽样来把握不同选项的结果分布，而不是被直接告知有关结果分布的统计信息。他们推测，人和动物在探索外部环境的过程中，之所以更关注相对风险而不是绝对风险，可能是在进化过程中对环境的一种适应。环境中普遍存在倒 J 形的偏态分布（如个人的收入、公司的预算、语言中的词频、人口规模等），例如，排名前十位的大城市在人口规模上存在较大的变差，但在排名后十位的小城市之间变差就很小。面对呈现偏态分布的对象，如要对所有对象保持同等的辨别力，显然需要关注的是相对风险而不是绝对风险，这与心理物理学中的韦伯定律（Weber，1834/1978）是类似的，即主观上可察觉的差异同物理量的相对变化而不是绝对变化有关。可见，这样的认知机制不仅不是什么偏差，反而是有适应功能的。采用CV来衡量相对风险的另一个好处在于，由于它是一个比值，消除了测量单位的影响，不同情境或量级的决策之间可以进行相互比较。

总之，人对风险的认知同其后续的冒险行为有密切的关联，如果希望引导人做出适当的选择，不仅需要改进信息呈现的格式，使之适合人的认知加工特点，还可以加强相关的教育培训以提升人的风险认知能力。同时，由于与风险有关的概念纷繁复杂，在使用时应注意加以区分并恰当地选用。无论如何，人在不同情境下偏好发生反转不一定是什么偏差，反而可能是灵活应对不同情境的表现。

# 第四章 基于经验的决策

决策者需要的基本信息（如选项的后果及其发生概率）可以来自两种不同的渠道：一种是个人的亲身经验，另一种是他人提供的概括性知识或称为描述信息。过去的许多研究不关注人如何获取信息而只关注最后做了什么决定，都是直接提供关于结果分布的描述信息，未注意到这种方法会对研究的结论产生什么影响。显然，在充满不确定性的现实世界中，人不太可能有现成的概括性信息可用，而需要自行探索环境并积累经验。如今，对金钱博彩、医疗、投资以及环保决策等领域，学者都重新进行了考察，希望揭示决策者在基于经验的情境下会有怎样的偏好，以及同时拥有上述两种信息时又会如何加以整合。从基于描述的决策到基于经验的决策，是研究范式上的一大转变，为认识不确定条件下的风险认知和决策提供了新的视角。

## 第一节 基于经验与基于描述的决策差距

按照传统的观点，如果选项的结果分布在数学上是等价的，那么个人的选择就应当是相同的。近期的研究却显示，当个人获取信息的方式发生改变后，其选择也出现了变化。研究者通过比较基于描述与基于经验的决策结果，发现了不少的差异。

### 一　信息获取的两条渠道

赫特维希等（Hertwig et al., 2004）指出，信息获取有两种不同的渠道，这会造成研究方法上的差异。过去的研究往往会直接告知决策者选项的结果分布,例如,风险选项为"80%的可能性获得4元,20%的可能性一无所获",相比较的确定选项为"100%获得3元",这种概括性的知识属于描述信息(descriptive information),相应的选择就是基于描述的决策(decision from description)。显然,这是比较理想化的情境,现实中很多情况下缺少统计概率信息或者无法得知,人们往往需要进行一系列的尝试后才能大致了解某个选择会产生哪些后果、出现的频率如何,这样得来的知识属于经验信息(experience information),最终做出的选择就是基于经验的决策(decision from experience)。

在实验室中,为了模拟现实中人们积累经验并做出决策的过程,出现了三种研究范式(Wulff et al., 2018)。第一种范式包括抽样和正式选择阶段:个人事先不知道配对选项的结果分布,需要在抽样阶段做多轮选择,从结果反馈中大致把握每个选项的结果分布,然后做出最终的选择,只有这次选择与奖励挂钩。抽样的多少可以有不同的设定,有的研究要求个人必须完成几十次甚至上百次的选择后才能做出正式的决定,次数越多就越有可能体验到接近客观概率的结果分布。有的研究可以由个人自行决定抽样的次数和切换顺序,抽样的结果可以是完全随机的,也可以是经过匹配的,例如,假设有10%的可能性获得5元,如果个人只抽样10次,随机情况下不一定会出现5元,但匹配情况下会保证其中一定有1次会出现5元。另外两种范式不设置练习的阶段,不过个人同样需要做多轮选择,相当于摸索着前进,在选择之后个人可以获得不同程度的反馈:如果只能看到自己选择的那个选项获得了多少收益或损失,就是部分反馈法;如果还能看到没有选择的那个选项的结果,就是完全反馈法。研究者可以根据研究的目的来选择相应的范式,抽样多少或反馈是否全面都可能影响个人获得的经验,进而影响到后续的选择。

如今,学者对描述和经验的概念有了更广义的理解。根据赫特维希和沃尔夫(Hertwig & Wulff, 2022)的说法,描述信息是知识的符号化表征,包括文字、数字及图形,能方便地进行分享、传承,是人类独有的资源,能促进文化的发展。不过,由于经过了抽象或浓缩,描述信息不容易被人完整无误地理解。经验则主要来自个人亲身的遭遇及其后果,人会基于经验自动化地进行推断、总结或推广,能产生认知、生理及主观上的丰富体验。人具有同理心,通过观察发生在他人身上的后果也可或多或少地获得替代性的经验。不过，由于环境中同时存在许多"噪声"，人们在积累经验时可能纳入无关的、有偏差的信息，也可能由于缺少反馈、后果的延迟或渐进发生而漏掉有关的信息。可以说，这两种获取知识的渠道各有利弊，也很难截然分开，可以视为一个连续体的两端。当个人同时拥有这两种信息时，它们不一定总是一致的，有的会被倚重，有的会被忽视。

## 二 描述-经验差距

20世纪70年代，特沃斯基和卡尼曼倡导了"单个问题式"的决策研究取向，取代了心理学实验注重尝试和学习的传统，单个问题呈现的决策情境往往比较简短，会直接告知决策者选项的结果分布，也很少在选择之后提供结果反馈，这属于基于描述的决策（Lejarraga & Hertwig, 2021）。正是采用了此种研究取向，卡尼曼和特沃斯基（Kahneman & Tversky, 1979）发展出了前景理论。他们的研究发现了这样一种选择模式，在收益情境下，即使风险选项只有很小的概率不能获得大的收益，人们也更愿意选择确定选项，即风险厌恶；在损失情境下，即使风险选项只有很小的概率能够规避损失，人们也更愿意选择风险选项，即风险寻求。例如，在"80%的可能性获得4元，20%的可能性一无所获"相对于"100%获得3元"的选项中，更多的人会选择后者；而在"80%的可能性损失4元，20%的可能性一无所失"相对于"100%损失3元"的选项中，更多的人却会选择前者。两位学者据此推测，小概率事件似乎有高于其客观概率的权重，而大概率事件似乎有低于其客观概率的权重。此后，高估小概率事件的权重被用来解释很多不符合传统预期效用理论的现象，例如，为什么人们既会购买彩票（罕见的收益），也会购买保险（罕见的损失）。

然而，当研究者不再提供有关选项的现成信息之后，却得出了大相径庭的发现。赫特维希等（Hertwig et al., 2004）重新回归到了注重学习过程的实验传统，让决策者通过反复地尝试来了解不同选项的结果分布，结果发现，在这种基于经验的决策情境下，人的风险偏好会发生反转（参见上述的例题）：在收益情境下，更多的人选择了只有很小概率不能获得大收益的风险选项，即风险寻求；在损失情境下，更多的人却回避了只有很小概率不发生损失的风险选项，即风险厌恶。也就是说，相比基于描述的决策，基于经验决策时，如果风险选项只有很小概率产生最合意的结果，人们会更少地选择。于是，研究者将这种选择比例上的差异称为描述-经验差距（Description-Experience gap，D-E gap），对导致这种差距的原因，也从信息获取的过程及其对风险认知的影响角度进行了分析。

1. 抽样有限与低估稀有事件的权重

描述-经验差距最早发现于含有稀有事件（rare event）的选择情境下，"稀有"一词只是相对于更常见后果而言的，为方便起见，赫特维希等（Hertwig et al.，2004）将发生概率不超过20%的后果都归为稀有事件。他们发现，在基于经验的决策情境下，个人往往只对选项进行有限的抽样，较少甚至根本不会遇到那些稀有事件，导致似乎低估其权重（underweighting），抽样越少或概率越小越容易低估。而在基于描述的决策情境下，选项所有可能的结果及其发生概率都一览无余，按照前景理论的说法，人们似乎高估了小概率事件的权重（overweighting）。也就是说，在基于经验的决策情境下，人们的决策权重似乎发生了反转，自然会影响其选择。至于人们为什么偏向于较少的抽样，赫特维希和普勒斯卡（Hertwig & Pleskac，2010）认为这样可以放大选项之间在回报上的差异，从而更容易做出选择。

随着基于经验的决策研究越来越多，描述-经验差距并不只是出现于稀有事件情境，研究者在上限达50%的范围内都发现了或多或少的差异（Wulff et al.，2018）。例如，Ludvig和Spetch（2011）的实验将风险选项的概率设定为50%，结果发现，面对收益，人们基于经验决策时比基于描述决策时更多地选择风险选项，即更加风险寻求；面对损失，人们基于经验决策时则更少地选择风险选项，即更加风险厌恶。

2. 近因效应

环境是动态变化的，关注最近的状况对人而言往往更有意义，即使在相对不变的环境中，人的记忆也会减退，无论如何，这些都使得新近发生的事件比早前的遭遇有更大的影响权重。据此，在分析描述-经验差距的原因时，赫特维希等（Hertwig et al.，2004）还指出，即使抽样较少并未导致低估稀有事件的概率，也可能会有近因效应（Recency Effect），也就是说，稀有事件较少在最近抽样时被碰到，这同样会导致低估权重，而最近碰到较多的常见事件则会被高估权重。

为了探究描述-经验差距是否真的存在以及受哪些因素影响，沃尔夫等（Wulff et al.，2018）对以往的28个研究进行了元分析，总计有6000

多名被试做了 70000 多次选择，其中纳入的经验性决策研究均采用先抽样再选择的范式，分析的结果回应了不少存在争议之处。首先，描述-经验差距确实存在，不过其大小与选项的构成有关：例如，当一个是确定选项另一个是风险选项时，描述-经验差距较大，平均值达到了 20.2 个百分点；当两个都是风险选项时则差距较小，平均值约为 7.5 个百分点，这可能是因为，两个风险选项均会有低估稀有事件权重的情况，会抵消一部分差异。其次，抽样有限是描述-经验差距的一大决定因素：当一个是确定选项另一个是风险选项时，被试抽样的中位数是 14 次；当两个都是风险选项时抽样的中位数也只有 22 次，抽样较少导致有些结果很少或从未被碰到。不过，即使通过匹配抽样等手段消除了抽样误差，即被试比较准确地估计了结果出现的概率，也只能减小但无法完全消除描述-经验差距，可见另有原因。再次，近期性的影响与抽样的自主性有关：近因效应主要出现在被试能够自行决定抽样的次数、切换顺序的情境下，否则不明显。最后，当一个是确定选项另一个是风险选项时，基于经验与基于描述的情境下被试的主观概率权重确实存在差异，当两个都是风险选项时则不明显。

沃尔夫等的元分析还有一个意外的发现，即相比基于描述的情境，在基于经验的情境下，人们能够做出更加符合平均收益最大化的决策，也就是说，似乎更加理性。据此，研究者推测，以往研究之所以对人类的理性得出了截然不同的看法，一大原因就在于采用的研究范式不同，启发式和偏差学派主要考察的是基于描述的决策（Kahneman & Tversky, 1979），而在他们之前的心理学家（Peterson & Beach, 1967）主要考察的是基于经验的决策。实际上，舒尔茨和赫特维希（Schulze & Hertwig, 2021）在比较了对成年人和婴儿的决策研究之后同样发现，之所以前者显得愚笨而后者称得上是直觉的统计学家，很可能是因为婴儿尚不识字，对他们的研究只能采用基于经验的决策，而对成年人的研究主要采用基于描述的决策，取向不同就得出了显得不可思议的结论。

**3. 高估极端结果的权重**

即使不考虑概率权重的变化，基于经验与基于描述的情境下人们对选项结果的重视程度也可能有所不同，尤其是极端的收益或损失。前景理论（Kahneman & Tversky, 1979）曾提出所谓"反射效应"（Reflection Effect），即人们对待收益比对待损失更为风险厌恶。不过，Ludvig 等（2014）在基于经验的决策情境下发现了偏好的反转，他们将风险选项的概率均设定为50%，增大了收益与损失的数值，并且将收益与损失问题混合在一起让个体进行选择。例如，收益问题为"50%的可能性获得40元，50%的可能性获得0元"相对于"100%获得20元"，损失问题为"50%的可能性损失40元，50%的可能性损失0元"相对于"100%损失20元"，其中+40元和-40元为结果分布范围的两个极端值。实验发现，随着经验的增长，当风险选项可能产生相对极端的高收益时，选择它的人数会越来越多，即趋向于风险寻求，或者当风险选项可能产生相对极端的大损失时，选择它的人数会越来越少，即趋向于风险厌恶，最终导致人们对待收益比对待损失显得更为风险寻求。研究者推测，极端后果可能受到过分重视，使得人们尽量争取获得最大的收益并避免最大的损失。后来，Mason等（2022）专门考察了人对风险选择任务中结果的回忆情况，果然发现处于结果分布边缘的极端事件（极高值或极低值）更容易被回忆出来，不过，回忆的结果虽然确实符合分布的范围但不是准确的具体数值，也就是说，人们记住的是规律而不是样例。

除了上述金钱博彩实验，一些真实的调查数据也揭示，人们经受过的极端结果会产生深远的影响。在投资决策领域，研究者在出生于不同年代的人群中发现了所谓"萧条宝宝效应"（Depression-babies Effect），即早期经历过经济大萧条的人更加不愿意在财务上冒险，更少地投资于股票或证券等风险资产，这种消极影响甚至会持续几十年（Malmendier & Nagel, 2011）。类似地，Arshad等（2019）对比了金融危机发生后的几年间继承过遗产的丹麦人在资产分配上的变化，结果发现，那些在金融危机中损失惨重的人更多地主动卖掉所继承的风险资产以降低持有的比例，而自己或亲属均未遭受什么损失的继承人基本保持不变。

迄今为止，有关描述-经验差距的研究已经从金钱博彩问题扩展到了不少现实领域，诸如医疗、投资、网络评价、青少年冒险行为、社会性博弈策略、跨期决策等，均发现两种不同的信息获取方式会对人的选择造成影响。例如，沃尔夫等（Wulff et al., 2015）考察了消费者在网上购物时会如何参考商品的评价，这些评价通常呈现两极分化，即大多数为高分的好评但有少量低分的差评（相当于稀有事件），又以两种形式呈现，一种是总的平均分（汇总描述），另一种是每个已购者的单独评分（个人经验)。实验结果显示,呈现汇总的评分分布与可以逐条查看他人的评分对消费者的购买选择会产生不同的影响,即同样出现了描述-经验差距,其原因仍然与抽样有限和近因效应有关,人们往往只抽查少数的他人评分(平均值21条)以至于会漏掉差评,并且受最近评分的影响更大。进一步地,Camilleri(2017)发现消费者对有差评产品的购买意愿也会受到信息呈现格式的影响,研究要求个人在平均分相同的产品配对之间进行选择,但一个产品的评分变差大且有差评,另一个产品的评分变差小且没有差评,抽查的评分数量固定为10条,其中差评出现的次数符合实际的比例。实验结果显示,相比呈现汇总分布时,逐条查看他人评分时更多的人选择了购买有差评的产品,中介分析表明此时人们更有可能将差评归因为评分者个人的问题而不是产品本身的问题。不过,当该研究要求个人抽查的评分数量从10条增至50条时,尽管差评的比例仍保持为10%,人们的偏好却发生反转,更少的人选择了评分变差更大的产品,可见增加抽样数量可以减少差评被低估的情况。

同样地,勒亚若佳等(Lejarraga et al.,2016)在投资决策领域也发现了描述-经验差距。他们模拟了将资产在固定收益产品与股票投资之间进行分配的情境,不同小组的投资者要么通过选择不同的选项亲自经历投资的过程,要么只能看到呈现了投资回报率的趋势图(描述信息),而股票投资在先前的表现又分成逐渐上涨或下跌两种趋势,这样就形成了四种不同的情境,研究者希望考察不同的信息获取方式和风险资产的先前表现对投资者后续选择的影响。结果发现,亲身经历过投资过程的人比只看趋势图的人更少地将资产分配给股票投资,无论风险资产的先前表现是上涨还是下跌。另外,先前经历过下跌的人后续也会将资产更少地分配给股票投资,先前经历过上涨的人则正好相反,模型拟合的结果提示,这可能是因为,前者更为风险厌恶。上述结果也再次验证了所谓"萧条宝宝效应"(Malmendier & Nagel,2011)。

时至今日,基于经验的决策与基于描述的决策存在差异基本上得到了公认,接下来需要深入探究的是二者在认知加工机制上有何不同(Wulff et al.,2018)。不仅如此,Olschewski等(2024)指出,面对金融、环保、健康等复杂的现实问题,从经验性决策的角度入手有望得出新的认识,未来可以在研究设计上进行扩展。在这些情境下,人们往往面临不止两个选项，可能有多个，选项的结果也可能有多个甚至是连续分布的，不是所有的结果都可以量化，并且对结果的反馈可能延迟，或取决于他人、需遵循一定的社会规范，这就需要深入考察其中的认知过程（注意、感知、记忆以及学习等）。尤其值得注意的是，在探索学习的过程中，人们可能还会受到一些先前的信念或描述信息的影响，此时值得探讨的一个问题就是，它们与经验的权重孰大孰小。根据 Olschewski 等（2024）的展望，通过将行为决策与认知科学相整合，可以为现实中人们的选择和公共政策制定提供更加切实有效的建议。目前，基于经验的决策也日益引起中国学者的关注，成为风险决策研究领域一个很有潜力的新方向（刘建民等，2016；刘腾飞等，2012）。

### 三 积极经验与消极经验

个人在决策之前的经验千差万别，有人经验很丰富，有人经验很少甚至完全没有经验，也有人只有过积极的或消极的经验。不同的先前经验往往会导致不同的风险感知，进而影响冒险的程度。在不同的现实领域，冒险行为具有不同的意义，不一定都是不值得提倡的，在研究经验的作用时，要联系具体的问题进行分析。

缺少对消极后果的经验可能让人们忽视风险并不愿做出改变。以广受关注的环境问题为例，科学家一直在大声疾呼要从现在开始采取行动，但有些人仍然选择继续观望，原因之一就在于先前经验的差异。普通人能参考的经验一般是发生在本地的事件或者媒体报道，抽样范围远小于科学家做统计时参照的总体，研究证实，人们往往会根据体验到的本地天气推测全球变暖的可信度（Li et al.，2011）。环境灾害毕竟是小概率事件，并且后果可能渐进或延迟发生，未经历过灾害的人就容易低估此类事件的发生概率，即使科学家能提供相关的统计数据，也可能因为过于抽象或数字太小而被忽视（Weber & Stern，2011）。另一些研究的确表明，人们的直接经验会促进其对气候变化的风险感知和增强其环保意愿，如极端天气（Konisky et al.，2016）和洪灾（Demski et al.，2017），但直接经验的发生概率太小且不安全。对此，Weber 和 Stern（2011）建议可以利用替代性经验，即通过图像、虚拟现实等媒介让人更真切地体验灾害场景。Dutt 和 Gonzalez（2012）还进行过这样一个实验，让人可以在动态的模拟中理解二氧化碳积聚与气温和海平面上升的关系，果然，这种直观的经验比只给出描述信息更能减少人们对气候变化的错误认知。

另外，积极的先前经验也可以让人减少过度的风险厌恶。以投资决策为例，不少研究指出，总体上看，大众参与风险投资的比例还是偏低，为将来退休做准备的储蓄计划如果过分保守只能让人获得十分有限的收益，原因之一可能就在于，传统做法是为投资者提供有关投资回报率的描述信息，其中有关损失概率的描述容易导致人们的风险厌恶。受到经验性决策的启发，Kaufmann等（2013）设计了模拟经验法，个人可以将资产分配给固定收益或有风险的选项，在反复尝试的过程中体验到不同金融产品的投资回报率分布，果然，比起描述信息，这种方法有助于改善人们的风险感知，估计发生损失的概率降低，投资于风险资产的比例上升且更有信心，发生损失时的不满意度也更低，对产品投资回报率的回忆也更准确。据此，研究者认为，在与投资者进行风险沟通时，除了提供抽象的统计数据描述，更重要的是让人体验模拟投资的后果，再配上一些直观展示的图形工具，这样可以让人更合理地认知金融风险。在此基础上，如果人们愿意更多地参与风险投资就不是什么鲁莽的冒险行为，反而是对自身和社会都有利的选择。Bradbury等（2015）的实验也验证了模拟经验法的有效性，他们提供了5款金融产品让人选择，在多次的尝试中，人们对不同产品的风险和回报的认识加深，从起初的风险厌恶变得愿意冒一定的风险，也更少感到后悔。

此外，Yechiam等（2005）也从经验差异的角度来解释不同地方的民众对待恐怖袭击的态度为什么不同，他们发现，在某地遭到恐怖袭击后，外国游客的数量会急剧下降，但本国游客的数量在短期下降后会较快反弹，事发当地的民众也仍然会继续外出就餐或购物，究其原因可能正在于，恐怖袭击毕竟是小概率事件，对大多数当地人或本国游客来说，有多次安全外出的经验，不会过度恐慌，而外国人主要从媒体报道获得信息，就容易高估恐怖袭击的发生概率。他们也建议，对待过度的恐惧或战场应激反应，可以采用增加积极经验的方法来进行干预。

可见，积极或消极经验无所谓绝对的好或坏，关键是看如何利用它们来促进人的合理决策。有些情况下提高冒险程度是不利的，但另一些情况下过分谨慎也没有必要。

## 第二节　描述与经验的整合

在现实生活中，人们常常接触到各种广告宣传或汇总的信息，也或多或少有一些亲身的经验，那么，在同时拥有描述和经验两种信息的情况下，个人做选择时受何者的影响更大？是相信外来信息还是以自己的实际体验为准？要解答这样的问题，可以利用基于经验的决策进行研究，同时向人们提供一定的描述信息，从而考察他们是如何将两种信息加以整合的。显然，外来信息并不总是准确的，可能存在夸大或贬低的不同情形，这就需要关注信息的来源是否可信，描述信息与经验的偏离程度，以及描述信息是在什么时机出现的，这些因素都可能会影响人们做出不同的选择。

### 一　描述偏离经验的程度

研究描述和经验这两种信息相冲突时人们会何去何从是很有现实意义的。Weiss-Cohen 等（2016）采用了完全反馈范式，要求决策者在两个选项之间做多轮选择，其中一个是确定选项（如"100%能获得2分"），另一个是风险选项（如"有25%的可能性获得4分"）。在正式开始前会告知二者的结果分布，不过，对风险选项的收益概率的描述是不准确的，不同小组的决策者分别得知的是1%、25%、75%、99%，但其实后续体验到的收益概率均为50%，即低于或高出真实概率的幅度达到了25个百分点或49个百分点，显示出不同的合理性（plausibility）。结果表明，即使描述信息与人们的实际经验不相符合，他们选择风险选项的比例也仍会受到前者的影响，但极端不合理的信息（与经验的偏差达49个百分点）影响要小于比较不合理的信息（与经验的偏差为25个百分点）。这提示我们，过分夸张的信息容易被人识别，而没那么极端的偏离更有迷惑性，更需要引起警惕。进一步模型拟合的结果提示，描述和经验这两种信息都会影响人们的选择，但权重会发生变化：人们一开始主要参照外来描述给出的先验概率进行选择，不过，随着自身经验的获得，描述信息的权重会急剧下降并且越是不合理权重越小（但不会完全消失），经验的权重则会迅速增大并从此占据主导地位。

上述研究是在收益情境下进行的，国内学者周广方等（2022）全面地考察了收益与损失情境下描述与经验不一致时人们会如何选择，类似地，选择风险选项时决策者实际体验到的收益或损失概率均为50%，但选择之前接收到的描述信息是不准确的，不同小组的决策者分别得知的是5%、25%、75%、95%，即低于或高出真实概率的幅度达到了25个百分点或45个百分点。结果显示，在损失情境下，降低描述损失的概率比夸大描述会让人更多地选择风险选项，不过，降低或夸大的程度对人们的选择并未表现出显著的影响，即降低45个百分点比起降低25个百分点不会让人更多地选择风险选项，而夸大45个百分点比起夸大25个百分点也不会让人更少地选择风险选项。相比之下，在收益情境中，无论描述信息是夸大还是贬低收益的概率，无论偏离程度达45个百分点还是25个百分点，人们选择风险选项的比例都差不多（在真实概率50%的上下）。进一步模型拟合的结果提示，损失情境下描述信息的权重要大于收益情境下。这样的结果可能体现出人们面对损失时是风险寻求的。

目前看来，前人研究关注的是描述与经验偏离程度较大的情形，不过，这样的差距容易被人察觉，实际上更容易误导人们的是偏离程度较小（只有10个百分点至20个百分点）的情况，有必要开展相应的研究，同时还可对夸大或贬低的不同情况进行比较。此外，描述信息与经验的偏差还体现为对结果的描述不实，如只讲收益不讲损失，考察这种隐瞒损失的情境也是具有现实意义的。

## 二 描述信息来源的可信度

在前述 Weiss-Cohen 等（2016）的研究中，对不实描述信息的来源语焉不详，只是简单地告知决策者电脑会出错。在现实生活中，广告宣传或汇总信息通常会来自某个发布者或媒体，而不同信息来源令人信服的程度又是不一样的。在传播学中，信息来源的可信度（source credibility）反映了信息的接收者对传播者的可信度评估，已被证实是影响态度和行为改变的重要因素（Callison, 2001）。它又可细分为专业度（expertise）和诚信度（trustworthiness）两个维度（Hovland et al., 1953）。专业度是指信息来源提供正确主张的能力，即是否拥有足够的专业知识。诚信度是指信息来源提供可靠、无偏差信息的可能性。

研究媒体与传播的学者 Pornpitakpan（2004）回顾了过往几十年的研究结果，总结出如下的发现：高可信度的信息来源比低可信度的信息来源更有说服力，所宣传的内容与实际情况可以有一定偏离，但不能太过分；低可信度的信息来源用"正话反说"方式甚至还可以起到一定的说服作用；当宣传内容会带来经济、健康的风险时，借助高可信度的信息来源更加有效；缺乏亲身经验的人更容易受高可信度的信息来源的影响。

不仅如此，后续在不同领域的不少研究也证实，信息来源的可信度会影响人们的态度和行为。例如，在消费领域，Biswas 等（2006）发现，高技术产品由专家比由名人代言的效果更好。在医疗领域，Mccullock 和 Perrault（2020）发现，同样是宣传预防性传染疾病的信息，发布在美国疾病控制与预防中心（CDC）的官网上比发布在一般的新闻网站上更能提升大学生参加性病检测的意愿。在是否接种疫苗的争论中，标识为医学博士的网民比营销人员或大学生的评价更令人信服（Kareklas et al., 2015），而在反疫苗的网站上发布负面信息会让人感觉接种没那么危险（Haase et al., 2015）。人们对电子烟的危害的认识也受信息来源的可信度影响，除了医生、药剂师或保健人员，政府部门和企业的可信度均不高（Case et al., 2018）。

由上文可见，人们的风险认知与信息来源的可信度是密切相关的，要研究选择时描述信息与经验的权重孰大孰小，不能不考虑信息来源的可信度这个因素。当人们认为来源不可信时，描述信息的作用很可能会大打折扣。

### 三　警示时机与先前经验

在现实生活中，描述信息还可能以警示的形式出现，提醒人们注意那些发生概率很小却会危及健康或安全的事件。然而，警示信息并不总是有效的，在富有经验的人面前可能会大打折扣。Barron 等（2008）分析了三种常见的冒险行为，即继续服用被发现有新的副作用的药物、无保护的性行为和传播盗版音乐，指出这可能与在警示出现之前人们未曾遭遇不良后果有关。进一步的实验发现，如果警示出现在决策过程的中途并且在此之前人们遭遇的主要是积极的后果，就会更多地选择继续冒险，相比之下，一开始就呈现警示信息会更加有效，人们会回避那些有风险的选项并一直持续下去，显示出一种首因效应和行为惯性。据此，研究者建议，最好在人们尚未享受到不良行为带来的"乐趣"之前就进行预警，否则先前积累的安全经验反而会降低人们的警惕性。

Weiss-Cohen等（2021）采用更加复杂的爱荷华博彩任务（Iowa Gambling Task；Bechara et al.，1994），增加了有关四叠纸牌的结果分布的描述，以考察警示出现的多个时间点对人们选择有利纸牌的影响。结果同样发现，在只有部分反馈的条件下，警示出现得越早会越有效，人们会更多地回避那些收益较大但也可能造成极端损失的不利纸牌，而更多地选择那些收益较小但损失也较小的有利纸牌，相比之下，警示出现得越晚，人们积累的先前经验越多，受警示的影响就越小。对此，研究者解释说，早期警示会触发所谓"热炉效应"，即使人们先前未曾有被"烫手"的遭遇，警示所提及的极端损失也仍会让人回避不利选项并持续下去，不过，在完全反馈的条件下，人们可以看到未选择选项的结果，热炉效应就会消除。研究者还指出，尽管在人们完全没有经验的情况下就进行警示效果是最好的，但这样的要求可能并不现实，只要人们的经验不是太多，警示仍能起到一定的作用。

由上文可见，在同时拥有描述和经验两种信息的情况下，人们更倚赖经验进行决策，但也不会完全不顾及描述信息。无论如何，正所谓"实践出真知"，即使人们刚开始会被不实描述误导，在积累了足够的经验后，也还是有可能趋近真相的。

总而言之，缺乏现成的或最新的信息才是现实世界的常态，人更有可能基于对环境的探索和经验更新进行决策，在这样的条件下去开展研究更有助于揭示人真实的偏好。当然，在已有描述信息的情况下，考察这些外来信息会如何被整合进人的亲身经验之中并影响最终选择也是很有意义的，值得大力探索。

# 第五章　风险-回报启发式

在不确定情境下，选项的回报有多大的获得概率往往是未知的，尽管如此，根据生态理性的观点，人类能够利用环境中存在的线索去进行推测。传统观点认为选项的回报及其概率之间是相互独立的，近年来研究者却发现，在人的认知中二者是有关联的，这样的认识来自人在现实中经常体验到的各种分布。如果用风险一词表示概率，回报及其实现概率的关联可以称作风险-回报关系，根据二者关系利用回报大小去推测其实现概率的简捷策略则可称作风险-回报启发式。风险-回报关系的形成离不开特定的环境条件，这就需要借鉴行为生态学的研究去分析竞争者对有限资源展开争夺的状况。风险-回报启发式的提出可以说是不确定条件下决策研究的一大进展，彰显了生态理性学派对环境分析的重视。

## 第一节　利用风险与回报的关系做推断

相比风险决策，不确定条件下的决策显得更加困难，因为概率是未知的。早期的学者提出可以通过设定主观的概率将不确定条件下的决策转化为风险决策（Savage，1954），却很少注意到，选项的回报与获得概率并不是相互独立的。如果二者存在稳定的关联，就有可能被人利用，易化推断和决策。

### 一　风险与回报的关系

普勒斯卡和赫特维希（Pleskac & Hertwig，2014）考察了6种现实的决策，既包括回报为金钱收益类的环境（轮盘赌、赛马下注和人寿保险），也包括回报为非金钱收益类的环境（奶牛的人工授精、学术期刊投稿和最后通牒博弈实验），结果发现，不同环境下都呈现这样一种共同的规律，即回报大小与其实现概率之间具有负相关关系，可用幂函数表示。具体而言，无论何种博彩，能赢很多钱的游戏往往获胜率低，死亡率低的疾病往往获得的保险理赔费高，农场主选择购买受孕率高的产品但其后代奶牛的产奶率往往不高，稿件投给影响因子高的期刊但被录用的概率往往较小，最后通牒博弈实验中玩家在分配钱财时如果留给自己的份额太多往往不太可能被对方接受。两位研究者将二者之间的负相关关系称为风险-回报关系（risk-reward relationship），并且认为这样的关系不是只存在于上述 6 种决策中，而是环境中的一种普遍规律。

进一步地，普勒斯卡和赫特维希推测，风险与回报之所以会形成负相关关系，可能是受公平性和竞争的影响。以博彩为例，庄家和玩家之间的利益其实存在一定的冲突，如果庄家在给游戏定价时将获胜机会大的游戏设定为赢钱多，就容易亏本；而站在玩家的立场，如果游戏获胜的机会太过渺茫，或者赢的钱太少，就不太会付出成本参与游戏。由于市场上有众多的庄家和玩家在竞争，长期下来，那些收益及其概率都很高或很低的赌局逐渐被淘汰，最终玩家参与博彩游戏的成本（$c$）、收益（$g$）及其概率（$p$）就会趋于对双方而言都能接受的公平赌局，即当且仅当 $p=c/(c+g)$ 时，显然，收益及其获得概率之间形成了负相关关系。其他情境可依此类推，也就是说，市场竞争的作用足以形成风险与回报的负相关关系，甚至让二者符合幂函数的关系。两位研究者对真实数据的分析也显示，轮盘赌、赛马下注和人寿保险中的真实概率非常接近根据公式推算出来的公平值，不过还是存在一些不容易被人注意到的细微差别：博彩的实际获胜概率被设计为稍低于公平值，这对庄家有利；而保险理赔中实际的死亡率稍高于公平值，这对个人投保者有利。

## 二 从回报推测风险

Brunswik（1952）早就指出，当环境中的线索之间存在相关关系时，人们可以利用已知的线索去推断未知的信息。既然风险与回报之间存在关联，在风险未知但回报已知的情况下，人们是否会利用回报去推测获取概率的大小呢？为了回答这一问题，普勒斯卡和赫特维希（Pleskac &

Hertwig, 2014）又进行了三个实验，既有真实的博彩也有假设的博彩，均为收益已知而概率未知，结果证实，人们推断的概率与收益之间呈现负相关，当然，这种负相关未达到根据公式推算出来的理想化程度，出现了回归效应，即高估小回报的概率，而低估大回报的概率。无论如何，研究结果提示，人们可能利用了已知线索去推断与之相关的未知信息，于是研究者将这种简捷策略命名为风险-回报启发式（risk-reward heuristic）。

普勒斯卡和赫特维希（Pleskac & Hertwig, 2014）还用其中的一个实验重新审视了所谓模糊厌恶现象。在模糊情境下，配对选项的回报相等且均为已知，但其中一个的获得概率已知，而另一个的概率未知，如"袋子中红球和黑球各占50%，如果抽出了红球，可获得100元，如果抽出的是黑球，则获得0元"相对于"袋子中红球和黑球所占的比例未知，如果抽出了红球，可获得100元，如果抽出的是黑球，则获得0元"，以往研究发现人们不太愿意选择概率未知的模糊选项。实验中设置了10元、1000元两种水平悬殊的收益，结果发现，两种条件下选择概率已知选项的人数比例分别为63%、81%，也就是说，模糊厌恶现象在大收益的情境下更明显。研究者认为，该差异其实可以用风险-回报启发式来解释：随着收益增大，人会预测对应的概率变小，当选项的收益高达1000元时，人们可能推测其获得概率较小，导致多数人愿意选择收益同样大但概率已知（达50%）的选项；相比之下，当选项的收益仅为10元时，人们可能推测其获得概率较大，导致愿意选择收益相同但概率已知（达50%）选项的人数减少。

同时，普勒斯卡和赫特维希（Pleskac & Hertwig, 2014）指出，风险与回报的关系在损失情境下也可能是成立的，例如，商品出现质量问题的概率与人们所付的价钱之间往往成反比。实际上，消费领域的研究者早就发现，消费者往往将价格作为评估质量的线索，推测价格更高的商品会有更好的质量（Ding et al., 2010；Saab & Botelho, 2020）。在医疗领域，Leuker等（2020）的实验显示，研发新药时临床试验所付的酬劳越高，评判者会推测其副作用越大，即能保障安全的概率越小，也就越会认为试验不符合伦理，这意味着，酬劳并非越高越好，需综合考虑多方面的因素。可见，风险-回报启发式可以为研究许多有现实意义的问题提供新的视角。

此外，鉴于决策实验经常使用博彩问题，普勒斯卡和赫特维希

(Pleskac & Hertwig, 2014) 还建议, 为了更贴近现实环境和人的认知, 博彩实验不能不设置参与的成本, 且对风险与回报的数值大小不应随意设置, 而应符合负相关的规律, 否则实验室的研究结果并不能真正地揭示人的偏好或推广至现实环境。

### 三 从风险推测回报

现实中还存在另外一种不确定性, 尽管不常见但并非完全没有, 即结果发生的概率是可以把握的, 但具体结果如何并不清楚, 例如, 医生会告知患者治疗成功的概率有多大, 却不一定会明确地界定何为"成功"。那么, 当回报未知时, 人们是否也会利用已知的概率去推断回报的大小? 采用类似的金钱博彩问题, Skylark 和 Prabhu-Naik (2018) 进行了研究并得到了肯定的答案, 人们推断的收益与概率之间确实呈现负相关, 不过, 这种负相关同样未达到根据公式推算出来的理想化程度, 同时, 人们倾向于高估回报, 而这种高估又会影响到随后对不确定选项的选择。受此研究的启发, Skylark 等 (2020) 进一步提出, 在回报已知但获取时间未知的情境下, 人们可能会利用回报大小去推测延迟时间的长短, 也就是说, 大回报往往需要等待更久才能获得, 小回报则可以更快地获得, 果然, 这样的关系也得到了研究结果的支持, 于是, 研究者将这种策略命名为延迟-回报启发式。

综合看来, 人们可能非常灵活地利用风险-回报启发式, 无论风险与回报这二者中哪种信息缺失, 都可以利用已知去推断未知的那一个, 并据此做出相应的选择。

### 四 风险与回报关系的习得

为了验证人对环境规律的敏感性, Leuker 等 (2018) 通过三个实验考察了人在不同环境下能否习得不同的风险与回报关系。实验分成学习阶段和测试阶段: 在学习阶段呈现的全部是风险选项, 即回报及其获得概率均已知, 但不同小组分别体验到负相关、正相关及零相关的潜藏关系; 进入测试阶段后, 个人需要在确定的和不确定的选项之间进行选择或为选项定价, 不确定选项的回报取值范围从很小到很大, 确定选项的回报设定为与之配对的不确定选项的一半, 如"100%获得 50 元"相对于"有一定的可能性获得 100 元，否则获得 0 元"（小回报），或者"100% 获得 500 元"相对于"有一定的可能性获得 1000 元，否则获得 0 元"（大回报）。实验结果显示，在操纵了风险与回报呈现不同相关的条件下，各组都能习得相应的关系，并且这些认识还会对后续的决策产生影响。具体而言，在负相关的学习环境中，人们推测小回报的获得概率较大而大回报的获得概率较小；在正相关的学习环境中（尽管这在现实中不常见），人们的推测正好相反。进一步地，在习得了风险与回报的负相关之后，人们在决策时对回报小的不确定选项的偏好超过了回报大的不确定选项，在习得的是正相关时则偏好发生反转，在习得的是零相关时对二者的偏好差不多，显然，这与依据风险-回报启发式做出的预测是一致的。据此，研究者认为，面对复杂多变的环境，人能够适应性地学习并把握回报及其获取概率的联合分布。

上述实验还揭示，人们可以在无意中习得风险与回报的关系，不需要反馈或专门的提醒，习得负相关是最容易的，甚至在二者其实是零相关时人们也倾向于认为有负相关关系，这可能是因为负相关更符合环境的常态。实际上，Leuker 等（2019）所做的另一个实验发现，在看到回报大并且与获得概率有正相关的选项时，人们做决策的反应时会更长，瞳孔也会放大，显然，这样的关系不太正常，令人难以置信。不仅如此，Hoffart 等（2019）所做的概率估计实验也显示，如果由个人自行决定从选项的结果分布中抽样多少次以了解其回报和获取概率，对潜藏着正相关或零相关的选项，抽样次数会多于负相关的选项，这可能是因为，对不合常理的结果分布，人们需要更多的学习来加以确认。可见，人们在先前的日常生活中形成的主要是负相关预期。

当然，除了个人的亲身经验，通过社会交流和文化传承也可以让人把握风险与回报的关系，甚至在不同的文化背景下都有一些类似的谚语，例如，"双鸟在林不如一鸟在手"等（Pleskac et al., 2021）。

总之，传统上将风险与回报视为独立因素并分开评估的做法其实忽略了环境的规律，而风险-回报启发式的提出揭示了人是如何利用任何可得的线索去应对不确定环境的。

## 第二节 竞争性生态理论

有关风险-回报启发式已取得了不少的研究证据，进一步地，普勒斯卡等（Pleskac et al.，2021）指出，人们利用风险-回报启发式需要建立在这样的基础上，即环境中普遍存在风险与回报之间的负相关关系，否则所产生的推断将变得不可靠。通过数学推导和模拟分析，他们又提出了竞争性生态理论（Competitive Risk-Reward Ecology Theory，以下简称 CET 理论），梳理了风险与回报关系形成的前提条件，并论证了其普遍存在的合理性。

### 一 有限的资源与竞争者的分布

普勒斯卡等（Pleskac et al.，2021）发现，行为生态学中的理想化自由分布（Ideal Free Distribution，IFD；Fretwell & Lucas，1969）原则可以为风险与回报关系的形成提供理论依据。根据 IFD 原则，对环境中有限资源的竞争最终会形成这样一种局面，即竞争者的数量与资源的总量成正比，也就是说，资源越丰富的地方竞争者也越多，反之则越少。无论是动物还是人类，在许多情境下呈现这样的分布，如觅食、择偶、栖息、繁育等。IFD 原则也有一定的前提，即竞争者是理想化且自由的，前者是指竞争者能准确地探测哪个区域的资源性价比最高，后者是指竞争者的移动不受限制或没有代价。当上述前提不能得到满足时，竞争者的分布就会偏离理想状态。

基于 IFD 原则，竞争者的数量与资源的总量成正比（$n_y \propto r_y$），资源的总量又等于资源的数量乘以资源的大小（$r_y = m_y \times s_y$），而获取资源的概率与资源的数量和竞争者的数量的比值成正比（$p_y \propto m_y/n_y$），基于这些关系可以推导出，成功的概率与资源的大小成反比，即 $p_y \propto 1/s_y$。也就是说，IFD 条件足以产生风险与回报的负相关。这也意味着，如果环境中某些条件发生变化，风险与回报的关系就可能随之变化甚至瓦解。

### 二 风险与回报关系成立的边界条件

风险与回报关系的形成对环境中的资源和竞争者分布都是有一定要求

的，普勒斯卡等（Pleskac et al., 2021）梳理出了8个边界条件，并且通过模拟这些条件的变化，预测了非理想化现实环境中负相关程度的变化和获取概率的变异性。

第一，竞争达到均衡状态。如果某些区域（如新兴市场）中对资源的竞争无法或尚未达到均衡状态，竞争者不是理想化的分布，风险与回报不一定呈现负相关。

第二，资源是有限的。如果资源是无限的（如空气），就不需要竞争，成功的概率接近于1，风险与回报也就不会有负相关关系。

第三，区域内资源的大小是均等的。当区域内资源的大小差不多时，风险与回报呈现负相关，但如果资源的大小不等，随着差距增大，不同大小资源的获取概率会越来越接近，在水平极为悬殊的情况下，大、小回报的概率会变得一样，都不太高。

第四，环境中的竞争者和资源是饱和的。相对于区域的数量而言，如果竞争者的数量或资源的总数量显得稀缺，某些区域很少或不能吸引到竞争者，这会削弱风险与回报的负相关，尤其会让小回报的概率出现较大的变差，即小回报不一定预示着成功的概率大，不过，大回报的概率依然保持较小的变差。

第五，竞争者是理想化的。如果竞争者不能准确地辨别不同区域资源的性价比，扎堆追求一些不那么优质的资源，会使成功的概率变小，进而削弱风险与回报的负相关。随着区域之间资源大小的差异加大，依然是小回报的概率出现较大的变差，但大回报的概率仍保持较小的变差。

第六，竞争者拥有同样的竞争力。实际上竞争力往往存在个体差异，在同一竞争力级别内风险与回报的负相关仍然成立，但不同级别之间则不一定。由于竞争力强者获取各种回报的概率都偏大，如果把不同级别合在一起分析，风险与回报的负相关可能没那么明显。

第七，竞争者之间互不干扰。实际上在获取资源的过程中竞争者难免受到干扰，不过，风险与回报仍会表现出负相关，只是竞争者相对于资源的分布会偏离理想状态。

第八，竞争者追求单一的资源。实际上竞争者往往要满足不同的需求（如水、食物、配偶等），多样化的资源需求会影响均衡的达成。不同区域可能提供不同的资源，竞争者的增长和分布主要受制于最紧张的那种资源。对越是有限的资源而言,风险与回报的负相关越是明显。

根据CET理论,只要存在对有限资源的竞争,风险与回报之间就可以形成负相关关系。虽然现实不一定总能满足上述边界条件,但只会影响二者负相关的程度,不会逆转其方向,并且主要是小回报的获取概率受到较大的影响。普勒斯卡等(Pleskac et al.,2021)还指出,CET理论同样适用于从已知概率推测未知回报的情况,此时可以这样说,获得概率大的通常都是小回报,而难以获得的不一定就是大回报。

## 第三节 风险认知反映环境结构

根据西蒙(Simon,1990)的观点,人的认知机制与环境结构就像剪刀的两个刀片,相互配合才能发挥作用。CET理论主要是针对生态环境中资源和竞争状况的分析,还需要通过研究来考察人的风险认知是否能反映环境中风险与回报的关系以及现实条件的变化。

### 一 博彩情境下的概率估计

普勒斯卡等(Pleskac et al.,2021)重新分析了普勒斯卡和赫特维希(Pleskac & Hertwig,2014)有关博彩问题的实验数据,同时采用类似的问题收集了更多的数据,然后考察了以下两个问题:其一,人们对不同收益的概率估计是否符合CET理论预测的走势;其二,人们对不同收益的概率估计是否表现出不同的变差。结果显示,人们的概率估计及其收益大小之间确实呈现负相关,但比起理想化的关系显得更为平坦。这符合CET理论的预测,也就是说,当资源的大小不均等或人的辨别力不够准确时,风险与回报的负相关程度将有所减弱。结果还显示,人们对小收益的概率估计确实呈现较大的变差,对大收益的概率估计则变差较小,这同样符合CET理论的预测,当资源匮乏、竞争者稀少或人的辨别力有限时,随着资源变大,其获取概率的变差减小。据此,研究者认为,对金钱收益问题,人们的认知能够较好地反映现实环境条件下的风险与回报关系。

### 二 环境条件变化时的概率估计

在容易量化的金钱收益问题之外,普勒斯卡等(Pleskac et al.,2021)

还模拟了常见的租房市场对更加现实的问题进行了考察。研究者设置了5个不同的市场,每个市场中有5种品质有高有低的出租房,要求个人假设自己最近两周在搜寻住房,并分别估计各个市场条件下成功租到各种住房的概率。在不同市场中,个人的背景、出租房和租客的数量以及房源信息的获取可能有所变化:在规范化市场中,租客众多,一切正常,大家都同样地在互联网上搜到公开的房源信息并查看房子详情;新兴市场则毗邻大城市,随着公司总部的新建一下子涌入了大量租客,尽管新建了许多住房且房源总量是充足的,但建造的标准不太统一,且网上的信息还不完善,只能查看设计图;在不饱和市场中,近期的城市开发项目建造了大量的新房,但租客数量不变;在非理想化市场中,由于近期网络经常出问题,租客无法得到及时而可靠的房源信息更新;在竞争力不平等市场中,租客可以通过朋友从房产中介那里先于别人得到独家的房源信息。5种出租房编号为从 A 到 E,品质从高到低依次降低。

研究结果表明,无论何种市场,人们对租房成功概率的估计与房子品质之间均呈现负相关。同时,相对于规范化市场而言,新兴、不饱和以及竞争力不平等这三种市场中的负相关走势都变得更为平坦,表示负相关的程度有所减弱,只有非理想化市场未出现明显的变化(可能是因为实验材料对该市场的描述不够贴切)。更有甚者,在竞争力不平等市场中,负相关的走势整体抬升,表明人们能够意识到独家信息可以让租到各种品质住房的概率都变大。不过,在不饱和和非理想化这两种市场中,随着出租房品质的提升,概率估计的变差未出现明显减小的趋势。综上可见,就不太容易量化但仍然存在差异的回报而言,研究结果基本上是支持 CET 理论的,人们的概率估计不仅较好地反映了现实环境中风险与回报的负相关,还能比较敏锐地根据环境条件的各种变化进行相应的调整。

显然,对有限资源的竞争不仅存在于租房等消费领域,还广泛存在于其他许多现实情境下。例如,就业市场可以说正是这样一个典型的环境,已有学者注意到了工作机会的分布不均,主要表现为不同的地域、城市、行业或企业能提供的工作机会在薪酬回报、数量多少上都存在差异(龙立荣、黄小华,2006;岳昌君,2012)。同时,不同的地域、城市、行业或企业在招聘需求和应聘人数上也有所差异,即竞争的激烈程度不同,并且个人的就业竞争力也有强弱之分。此外,求职就是一个在不确定条件下的系列搜索过程，个人能被用人单位录用的概率往往是未知的，如果对风险的估计有误，就可能错失良机。例如，有人高估了自己被录用的概率，放弃了原本可以到手的其他机会，结果两头落空；也有人害怕风险，过早地接受了保守的选项，后悔不已；还有人忽视了新兴区域的发展机会，扎堆于一线城市竞争，造成人才的浪费。可见，研究个人对就业环境中风险与回报关系的认知以及这些认知是否符合现实的分布也是很有意义的，可以为CET理论提供更多的证据。

总之，从风险-回报启发式到竞争性生态理论的提出，生态理性的取向又有了新的发展。正如普勒斯卡等（Pleskac et al.，2021）所言，未来的研究不能止步于描述启发式适合发挥作用的环境，还要对环境特征及其变化进行深入考察，这样才能更深刻地理解人的认知机制。

# 第六章 跨期决策

　　风险决策关注的是结果实现的概率和人的风险偏好,实际上,不同选项在结果实现的时间上也可能有差别（如立刻获得 100 元或一年后获得 120 元）,这种涉及不同时间点结果的权衡与选择被称为跨期决策或跨期选择,反映的是人的时间偏好,在消费、储蓄、投资理财、健康的生活方式以及求职择业等领域都有体现。传统的观点认为,追求当下的收益而不愿延迟满足反映出人的冲动性,是一种短视的非理性行为。然而,如果考虑到未来潜藏着种种不确定性,活在当下未必不是一种适应性的选择。近年来兴起的风险跨期决策研究纳入了更多的不确定因素,不仅结果能否实现是概率性的,结果实现的时间也是不确定的。有关跨期决策的数学模型层出不穷,但试图找到一个通用的模型来描述人的决策过程仍是可望而不可即的。

## 第一节　延迟后果的时间折扣

　　个人对眼前利益与长远利益的权衡最早受到经济学家的关注。Frederick 等（2002）将由各种因素导致的未来结果的效用降低统称为时间折扣（time discounting）,而将人们在近期效用与远期效用之间的选择称为时间偏好（time preference）。根据他们的追溯,早在 19 世纪,经济学家就经常援引各种心理动机去解释人们在财富积累上的差别。一些因素会阻碍人们延迟满足:由于未来充满了不确定性,人们既可能难以想象自己未来的需求,也可能担心意外的天灾人祸会让自己活不长久；同时,克制及时行乐的欲望又会给人带来痛苦。另一些因素则会促使人们把钱存起来或进行投资：人们预期未来能实现财富增值从而得到更大的满足，并且节俭、遗赠被视为美德。后来，为了精确地量化未来结果的主观效用，经济学家 Samuelson（1937）提出了折扣效用模型（discounted-utility model，DU），通过将价值乘以一个折扣函数而求出主观效用，从此纷繁复杂的心理冲突就被简化为折扣函数中的一个参数，即个人的折扣率（discounting rate）。也就是说，跨期决策（intertemporal decision making）同样离不开效用的比较，于是后来的研究者经常会将这样的选项同时呈现给决策者：一个是近期就能获得但回报较小的（smaller-sooner，SS）选项，另一个是远期才能获得但回报相对较大的（larger-later，LL）选项。这意味着，只有远期选项的回报足够大，其主观效用即使在打折扣后也会超过当下的回报，人们才可能选择它。

Frederick 等（2002）还指出，尽管 Samuelson 本人只是试图提出一个简捷的数学模型，后来的经济学家却相信，它不仅是跨期选择的标准，还能描述人们的实际行为。实际上，该模型隐含着一系列的前提条件，例如，人的偏好都是稳定、连贯的，人对不同产品（如食物或度假）或在不同领域的折扣率也是一样的，后续的选择不会受到先前选择的影响等。显然，这些假设都是十分理想化的，也不断受到实证研究结果的挑战。据此，Frederick 等（2002）提出，有关跨期决策的研究需要重新关注心理的动机或冲突，唯有如此，才能更好地解释个体差异或领域差异。

鉴于人们能否做出更符合长远利益的选择对个人和社会都有重要的影响，如今有关跨期决策的研究已经从经济学扩展到心理学、管理学以及神经科学等诸多领域，正处于蓬勃发展之中。

## 一 时间折扣的数学模型

研究跨期决策不仅要关注人们表现出的时间偏好，还需构建数学模型对选择结果进行拟合，因为得出的参数有助于揭示潜在的心理过程。根据 Green 和 Myerson（1996）的回顾，早期的经济学家认为，选项的主观价值随着延迟时间增加而下降的函数关系为指数折扣（exponential discounting），可用公式表示为：

$$V = A e^{-kD} \qquad (6-1)$$

其中，$V$代表选项的主观价值，$A$代表名义上的价值量，参数$k$代表折扣率，$D$代表延迟获得的时间。折扣率$k$决定了主观价值随着延迟时间的增加而下降的速度，折扣率越大，主观价值越是急剧地下降，反之则越平缓。对上述指数模型可以从风险的角度去理解，在经济学家看来，延迟获得意味着要冒失去的风险，并且这种风险率（hazard rate）是恒定的，即随着每单位时间的增加，发生某个事件阻碍回报获得的概率保持不变，因此，主观价值每单位时间下降的比率也是恒定的。

然而，实证研究发现了不少"异象"，提示个人的折扣率是变化的（Frederick et al., 2002）。在同样的延迟时间条件下，个人对大额金钱的折扣率低于小额金钱（量级效应，magnitude effect），对收益的折扣率高于损失（符号效应，sign effect），在不同领域（如金钱或健康）也表现出不同的折扣率。另外，加速或延缓实现这两种情境下得出的折扣率也不对等。加速实现的问题如："假设你想购买的货品一年后才能提货，如果你想提前到现在提货，你最多愿意为此付出多少元？"而延缓实现的问题如："假设你想购买的货品现在就能提货，如果要求你延迟至一年后才提货，你至少要求获得多少元的补偿？"相比之下，人们愿意为了加速实现而付出的代价明显小于被延缓实现时要求的补偿。

不仅如此，当延迟时间变得更久远时，个人的偏好还会发生反转。例如，Green和Fristoe等（1994）发现，不少人在"现在获得20元"和"一年后获得50元"之间会更偏好前者，却会在"一年后获得20元"和"两年后获得50元"之间更偏好后者，两对选项在延迟时间上的相对差异其实是一样的，这就是所谓的共同差异效应（common difference effect）。这提示我们，随着时间的推移，人们可能认为风险率在逐渐下降，这就要求采用更合适的模型来描述主观价值与延迟时间的关系。

在心理学领域，传统观点认为强化的比率决定了行为，学者注重基于观察、实验来找寻延迟选择的规律，动物研究也发现鸽子对喂食的间隔时间变化有不同的反应，会出现类似于人类的偏好反转，这些都提示我们，主观价值取决于数量对时间的比值，于是，Mazur（1987）提出，延迟回报的主观价值同其名义价值量之间的函数关系应为双曲线折扣（hyperbolic discounting），可用公式表示为：

$$V=A/(1+kD) \qquad (6-2)$$

在上述公式中，参数 $k$ 仍然表示折扣率，其他字母代表的含义亦同上。相比指数模型，双曲线模型预示着，主观价值一开始会下降得更快，不过，随着延迟时间变长，主观价值下降得更为平缓。从风险的角度去理解，相当于风险率会逐渐降低，即随着每单位时间的增加，发生意外事件阻碍回报获取的概率越来越小，因此主观价值每单位时间下降的比率也会变小，即双曲线折扣更为合理。实际上，在动物捕猎或觅食的自然环境中，风险率也更有可能是下降而非固定的（Green & Myerson，1996）。

在针对人类的研究中，Green 和 Fry 等（1994）同样发现，双曲线模型比指数模型能更好地拟合实际选择的结果。他们采用了前人常用的滴定（titration）程序来得出特定金额在不同延迟时间条件下的主观价值：假设将远期获得的金额固定为 1000 元，首先要求个人在"现在获得 150 元"和"6 个月后获得 1000 元"之间进行选择，如果个人选择了后者，则将现在的收益按一定幅度（如 50 元）逐步递增，让个人进行反复选择，直至偏好发生反转、开始偏向近期选项为止。鉴于前述的一系列选择是"递增式"的，为了控制顺序效应，研究者还会要求个人再做一系列"递减式"的选择，例如，首先呈现的是"现在获得 900 元"和"6 个月后获得 1000 元"，如果个人选择了前者，则将现在的收益逐步递减，直至个人的偏好发生反转、开始偏向远期选项为止。最后，将个人在上述两种系列选择中发生偏好反转时的收益量求平均值即可得到未来回报的主观价值。依此类推，就可以得到个人在长短不同的多种延迟时间条件下的结果，并进一步采用数学公式对群体数据进行拟合。不过，Green 等发现，尽管双曲线模型的拟合效果更好，但仍然存在高估较短延迟时间条件下的主观价值、低估较长延迟时间条件下的主观价值的问题。

基于心理物理学的原理，Myerson 和 Green（1995）在原来简单的双曲线模型中增加了一个新的敏感性参数 $s$（$0<s<1$），表示价值量或延迟时间的增长在个人主观感受上引起的不是线性的变化，即

$$V = A/(1+kD)^s \qquad (6-3)$$

这个新的公式可以进一步提升对前述研究中群体和个体数据的拟合效

果，后被称为双曲面折扣（hyperboloid discounting）。显然，当 $s = 1$ 时，其实就是原来的双曲线折扣。此外，Myerson 和 Green（1995）还提出，折扣率参数 $k$ 是与回报大小有关的，大回报的折扣率要低于小回报，这样就能预测量级效应，而敏感性参数 $s$ 与回报大小无关，但存在个体差异，它可以让主观价值在延迟时间很长时下降得更加平缓。

## 二 模型及其参数的检验

随着新的异象层出不穷，有关跨期决策的数学模型也越来越精细，在折扣率之外还引入了不少新的参数，试图揭示潜在的心理过程并解释各种异象（Ballard et al., 2023）。例如，不少模型增加了参数将人的时间知觉转化为非线性的，即人对延迟时间的变长越来越不敏感。此外，指数折扣、双曲线折扣之类的折扣效用模型均假定人们是基于选项的效用比较而做出选择的，Ericson 等（2015）则提出了基于属性（数量或时间）进行比较的启发式模型，并且认为人们既会关注各个维度上相对的差异，也会关注绝对的差异。不过，各种模型提取出的参数是否稳定可靠有待检验。

基于前人的多组实验数据，Ballard 等（2023）针对共同差异效应、量级效应、间隔效应以及延迟持续效应这四种典型的异象，对比了指数模型、双曲线模型、双曲面模型等 11 个模型能在多大程度上预测这些效应并进一步考察了模型的可靠性，结果并不理想，各模型的表现参差不齐，没有发现哪个模型能在各种任务上都胜出。首先，尽管各模型能在不同程度上拟合人们的实际选择结果，但仅有少数模型能较好地预测多种效应。其次，多数模型对同一个人在不同问题情境下所估计出的参数值（如折扣率、时间的主观性、维度的权重等）缺少相关性，即参数值取决于具体的问题情境。最后，除了指数模型和双曲线模型等少数较为简捷的模型以外，其他模型在针对模拟数据进行的参数恢复（parameter recovery）中较少能得出与原参数近似的值，包含参数越多的模型往往表现越差。据此，Ballard 等指出，如果估计出的参数本身可靠性存疑，很难说它们所构成的模型能反映潜在的心理过程。为了更可靠地测量个人的时间折扣并有效区分不同群体（如是否会成瘾），需要设法更严谨地估计各种参数，例如，改进题目的设计或研究程序，采用更合适的参数估计方法等。

无论如何，指望用一个通用的数学模型就能描述跨期决策是比较理想化的。人们不仅会面对数量、时间等方面的差别，还会受到各种心理因素的影响或环境条件的限制，偏好反转恰恰说明人的选择是灵活的、适应性的，出现新的异象也就不足为奇了。

### 三 时间折扣的测量方法

根据 Frederick 等（2002）的总结，在现实和实验室中都可以考察人们的时间偏好并求出其折扣率。不过，他们也提醒我们，这些方法测量出来的不一定是纯粹的时间偏好，可能混淆了其他因素的作用，例如，人们对未来的不确定性或通货膨胀的预期，财富的边际效用递减，或者人们相信通过自己的运作比只是等待能让财富增值更多等。

在现实生活中，人们的消费行为或经济决策往往能反映其时间偏好。例如，Warner 和 Pleeter（2001）发现，大多数美国退伍军人选择了一次性拿完退伍金而不是多年分期支付的方式，尽管后者算下来总价值更高。此外，研究者会根据人们是否购买节能型家电来计算从空调、冰箱到热水器等各种家电的折扣率高低。节能型家电尽管购置价格较高，却会每年节省一定的电费开支，一个令人意外的发现是，计算出的时间折扣率往往远远高于实际的市场利率。又如，工资-风险问题调查的是人们愿意为了赚取更高的工资而牺牲多少年的寿命，得出了远低于家电产品的折扣率。还有一些研究者关注人们在生命周期的不同阶段为应急或退休而储蓄的行为。不过，现实数据往往很难剔除额外变量的影响，例如，人们可能不清楚或不太相信广告宣传声称的节电效果等。

在实验室中则有四种程序可以用来引发人们的时间偏好，其各有特点也各有不足。

第一种是选择法，正如前面介绍过的研究所示，要求决策者在 SS 与 LL 选项之间做多次选择，结果可以是真实的或假设的收益或损失，其数量和延迟时间均可方便地进行操纵。例如，假设选项为"现在获得 900 元"相比"一年后获得 1000 元"，如果个人选择了前者，则将近期回报的数量按一定幅度递减，直至偏好反转为止，然后将偏好反转之前一次与之后一次的近期回报数量加以平均即可得到无差别点（indifference point），此时个人选择近期选项与远期选项的可能性是差不多的，该平均值就相当于远期回报的主观价值。需要注意的是，只让当前数值递增或递减可能对人产生暗示作用或锚定效应，使得折扣率出现偏低或偏高的差异，如要避免这一问题，可以同时做递增和递减两个系列或采取随机呈现选项的方式。另外，采用真实结果的实验通常只能提供价值较小的选择，而采用假想的结果能扩展至更大的数值范围。

第二种是匹配法，直接让个人填写现在的价值相当于未来的多少数值，反之亦然。例如，"现在获得1000元相当于一年后获得＿＿＿元"，或者"一年后获得1000元的吸引力相当于现在获得＿＿＿元的吸引力"，这样仅通过一个问题就能快速地得到个人的无差别点。显然，前一种问法得到的结果会有更大的变差。另外比较常见的做法是让个人填写愿意等待的时间，例如，"为了能比现在到手1000元多获得200元，你最长愿意等待＿＿＿"，或者"如果一年后能多获得200元，那么能接受1000元的最晚的时间点是＿＿＿"。匹配法的好处是可以避免锚定效应或暗示作用，不过，并非所有人都能理解这样的问题，给出的答案反映的未必是时间偏好。

第三种是定价法，询问个人为了获得或避免特定时间点的某种结果愿意支付的代价有多大，结果可能涉及获得金钱或优惠券、延长寿命或避免身体痛苦等。

第四种是评定法，让个人分别评定近期选项和远期选项对自己的吸引力或感到厌恶的程度。不过，在这两种问题情境下，人们的关注点可能在结果而不是在时间上。

测量方法上的差异可能导致得出的折扣率有所不同，在研究时需要特别注意控制与时间偏好无关的因素。Frederick 等（2002）还指出，研究得出的折扣率远高于真实的市场利率，这可能是因为那些无关因素降低了未来的预期效用，导致折扣率虚增了。

随着跨期决策研究的兴盛，在具体的做法上也出现了不少改进。例如，为了更快速有效地找到个人的无差别点，Weber 和 Chapman（2005）提出了对分式的滴定法（bisection titration），即每次按照选项间差距的一半进行递增或递减。例如，Luckman 等（2017）在研究中就采用了此法，在近期选项保持不变的情况下，为了找到与之等价的远期选项，他们将延迟时间逐步进行调整，当决策者选择近期选项时，就缩短远期选项的延迟时间，反之则增加延迟时间。具体地，假设将近期选项的时间和金额固定为"现在获得50元",初始设置的最远延迟时间为96个月,通常很少有人会选择等待那么久,首先将延迟时间减半[(96-0)/2=48]让个人选择,也就是"现在获得50元还是48个月后获得90元",如果个人仍然选择前者,就再次将延迟时间减半[(48-0)/2=24],也就是"现在获得50元还是24个月后获得90元",随着延迟时间递减,远期选项的吸引力逐渐增加,如果个人终于在"现在获得50元还是6个月后获得90元"中选择了后者,就将延迟时间增加一半[(12-6)/2=3]让个人选择,也就是"现在获得50元还是9个月后获得90元",依此类推,直至时间的变化幅度小于0.5个月为止,最后两次延迟时间的中间值就可以作为无差别点。当然,如果研究者希望找到的是等价的回报数值,也可参照此法,对回报的数量进行对分式的递增或递减。

### 四 时间折扣的指标

在过往研究中,折扣率参数 $k$ 经常被用来作为时间折扣的指标,代表了每单位时间主观价值下降的比率,能为理解人的行为并进行干预提供参考。采用该指标的一个代表性测量工具是 Kirby 等(1999)编制的一套27道题的金钱选择问卷(Monetary Choice Questionnaire,MCQ),题目均为在即时回报与远期回报之间的选择,前者的金额是变动的(11~80元),后者的金额则是固定的,分成低、中、高三种水平(25~85元),各有9道题目,每道题均对应某个 $k$ 值(从0.25到0.00016)。例如,"现在获得40元"相比"62天后获得55元",假设该即时回报相当于延迟选项的主观价值,根据前述双曲线折扣公式,$k=[(A/V)-1]/D$,可算出本题的 $k$ 值为0.006,如果个人选择了近期选项,表明其折扣率大于0.006,反之则更小。根据个人在每种数量水平下的9道题目中的选择,可以发现个人最有可能落在从0.25到0.00016的10段 $k$ 值区间中的哪一个,最后求出该区间的几何平均数即个人的 $k$ 值。MCQ问卷具有良好的信度和效度,且题目不多,后来被广泛用于考察有行为问题的群体(如赌博、吸烟、酗酒或药物滥用者)的折扣率是否显著高于正常人群。不过,Myerson 等(2014)评价说,$k$ 值只划分了10段区间不能足够细致地衡量连续变化的折扣率,他们认为选择远期选项的比例可以作为一个更简便的指标,因为实证数据显示该比例与 $k$ 值的相关极高,更重要的是,该比例直接反映了原始数据,不涉及数学模型的争议。另外，Ballard 等（2023）也指出，仅仅基于 27 道题目，缺少足够的信息对 $k$ 值进行参数恢复。

Myerson 等（2001）早就指出，折扣率参数 $k$ 的估计离不开背后的数学模型，而不同模型对数据的拟合程度并不一致，同时，折扣率参数 $k$ 并不独立于敏感性参数 $s$，这在统计分析时会有共线性的问题。况且，$k$ 的估计值往往呈现明显的偏态分布，只能进行非参数检验，无法应用多因素方差分析等推断统计方法。

为了克服上述局限，Myerson 等（2001）提出了一种新的指标，不用考虑基于的是什么数学模型，只要利用实际的数据点即可画出时间折扣的图形，根据个人对未来回报在不同延迟时间点所产生的相对主观价值（相对于名义价值的比例），将这些点连成线即可以得到一条曲线，然后求出曲线之下的面积（area-under-the-curve，AuC），用 AuC 来表示折扣率的高低，取值介于 0~1，面积越小则折扣率越大。也就是说，横轴 $x$ 表示相对的延迟时间（相对于最长延迟的比例），纵轴 $y$ 表示相对的主观价值，二者的取值均介于 0~1，从每个数据点向横轴作垂线，将图形分成多个四边形，每个四边形的面积 $AuC = (x_2-x_1)[(y_1-y_2)/2]$，$x_1$、$x_2$ 分别代表先后的相对延迟时间，$y_1$、$y_2$ 分别代表与之对应的相对主观价值，所有四边形的面积累加起来即可得到总的 AuC 值。

Myerson 等还指出，采用 AuC 指标有不少好处：一方面，计算简便且适用面广，对各种不同大小或种类的回报都可计算，可应用于个体或群体的数据；另一方面，AuC 的数值通常比较符合正态分布，这样就可以避免统计分析时的限制，能进行多因素方差分析、因素分析等。此外，AuC 也可以应用于风险决策中，作为概率折扣的指标。不过，需要注意的是，即使两个人总的 AuC 值相等，在图形上仍然可能存在差异，例如，一个人对短的延迟时间有更大的折扣，但是对长的延迟时间有更小的折扣，另一个人则正好相反，此时可以对不同时间段的 AuC 值进行比较或分析。

AuC 值和前人常用的折扣率参数 $k$ 等指标是否具有较高的一致性也受到研究者的关注。Wan 等（2023）比较了采用前述 MCQ 问卷和数量调整程序所得出的结果，数量调整程序即根据个人前一次的选择而在下一次进行数量增、减的程序，参照的是 Du 等（2002）设计的选择情境，将低、中、高三种水平的远期回报分别固定为 30 元、80 元、500 元，延迟时间分别设置为 7 天、30 天、90 天、180 天，同时 500 元还会对应一个更长的延迟时间即 730 天，这样就可以方便地画出每种数量下的折扣图形并求出 AuC 值。结果显示，AuC 值与 $k$ 值、选择远期选项的比例均有非常高的相关。

由上可见，鉴于目前有关跨期决策的数学模型及其参数估计尚存在争议（Ballard et al., 2023），采用不涉及模型的 AuC 值或选择远期选项的比例可能是更便利的做法。

## 第二节　不同的折扣与冲动性

无论是人还是动物，在动态变化的环境中，延迟获取回报都不是没有风险的，因为随时可能发生意外事件让预期落空，从这个意义上说，延迟和风险都会让大回报的吸引力降低。凡是某个属性的变化而导致选项的主观价值降低都可以形容为"打折扣"（Green & Myerson，2004）。尽管如此，时间与风险毕竟是两种不同的因素，牵涉的心理过程不尽相同，引发折扣的情况也就会出现差别，在研究和实践中仍要注意区分。

### 一　时间折扣与概率折扣

Green 和 Myerson（1996）早就指出，人类与觅食的动物一样，选择等待都会面临潜藏的风险，可能是对象本身的变化，也可能是竞争者的抢夺或干扰，因此可以从回避风险的角度去理解人类与动物为什么不愿意延迟满足。不过，随着时间的推移，如果并未发生意外情况，那么阻碍回报实现的风险或者说风险率其实是越来越小的，从这一角度也可推导出为什么回报的主观价值与延迟时间之间符合双曲线而非指数折扣的关系，即随着每单位时间增加主观价值下降的比率会变小。

既然延迟和风险都会让回报的价值变低，Green 和 Myerson（2004）尝试将风险决策也纳入折扣效用的框架之下进行描述，即延迟获得的回报会有时间折扣（也称延迟折扣），不是确定能获得的回报则会有概率折扣（probability discounting）。当然，这并不意味着二者的影响就是完全一样的，后续有一系列的研究对比了单独的跨期决策和风险决策情境下的折扣模式有何异同。

针对量级效应，Estle 等（2006）的研究显示，在收益情境下，人们在这两类决策中对不同数量结果的折扣有所不同：随着延迟时间的增加，在跨期决策中，大收益比小收益（如 40000 元对比 200 元）的主观价值下降得更加平缓，而在风险决策中，大收益却比小收益（如 40000 元对比 200 元）的主观价值下降得更急剧，即出现了反向的量级效应。不过，在损失情境下，在这两类决策中均未发现人们对不同数量结果的折扣有明显差别，即没有发现量级效应。该研究还将收益与损失情境进行了比较，发现在这两类决策中，损失比收益的折扣趋势均更为平缓（符号效应）。

针对不同的选择对象，Estle 等（2007）又对跨期决策与风险决策进行了比较，结果显示：在跨期决策中，人们对消费品（啤酒、汽水、糖果）的折扣趋势比金钱更陡峭，而在风险决策中，上述消费品的折扣趋势与金钱是差不多的；同时，延迟折扣率与概率折扣率只有不高的相关，并且在因素分析中二者被分别归入两个不同的因素。

据此，Green 和 Myerson（2013）指出，尽管风险决策与跨期决策都可以从折扣效用的框架去理解，但二者可能不仅涉及不同的潜在心理过程，还与不同的心理特质有关。

## 二 区分不同的冲动性

主观价值随着延迟时间增加而急剧下降预示着个人偏好即时的满足而不愿意耐心等待，于是，不少学者认为折扣率可以成为冲动性的指标，一些研究也发现高的延迟折扣率与行为问题有关，如物质滥用（Moody et al., 2016）、肥胖（Amlung et al., 2016）、高风险的性行为（Johnson et al., 2021）等。进一步地，人们寄希望于通过提升延迟折扣率的干预措施来帮助这些人士学会自控。不过，究竟何为冲动性并未得到严格的界定。

Green 和 Myerson（2013）早就指出，由选择的折扣率反映出来的冲动性（impulsivity）与人格研究关注的冲动性特质（impulsiveness）不能简单地画等号。后来，Green 和 Myerson（2019）重新审视了冲动性的概念，再次强调需要区分不同的冲动性。长期以来，人们在谈论冲动性时常常涉及不同的含义，有时指的是个人的行动缺少预见或深思熟虑，有时指的是个人难以克制快速的反应或不能预见负面的后果。MacKillop 等（2016）进行的因素分析也表明，人们是否做出冲动性的选择与采用人格测验测量出的冲动性、自控性是相互独立的因素。同时，如果对风险决策也从折扣效用的角度去理解，那么，追求冒险又显示出另外一种冲动性。可见，所谓冲动性并不是单一维度的特质。首先，有必要将不愿耐心等待与追求冒险这两种冲动性区分开来。其次，还需要对缺乏耐心有关的冲动性再进行细分，因为个人对不同选择对象的折扣率不尽相同，例如，对容易变质的食物有高折扣率不一定预示对金钱也有高折扣率。最后，面对收益与损失的冲动性也需要区别对待。此外，有时人们做出貌似"短视"的选择并不是因为"人格缺陷"，而是为了适应环境的变化，例如，当经济条件有限或太过忙碌时，人们不得不优先满足眼前的需求。

进一步地，Green 和 Myerson（2019）指出，实证研究的结果也显示效用折扣与行为问题之间的关系并不简单。例如，根据 Mejía-Cruz 等（2016）的研究结果，从群体层面来看，可卡因成瘾组对延迟后果（大额或小额金钱、酒水、休闲活动）的折扣趋势确实比正常人对照组更加陡峭，但是，二者对概率性后果（无论是收益还是损失）的折扣并无显著差异。从个体层面分析，在可卡因成瘾者中，有约25%的人其延迟折扣率要低于正常人对照组的中位数，反过来，在正常人对照组中，也有约25%的人其延迟折扣率要高于可卡因成瘾组的中位数。类似地，Myerson 等（2015）对低收入美国黑人群体的研究结果也显示，在男性酗酒者中，有约25%的人其延迟折扣率要低于正常人对照组的中位数，而在正常人对照组中，也有约25%的人其延迟折扣率要高于男性酗酒组的中位数。值得注意的是，女性酗酒者与正常人对照组在延迟折扣率上没有显著差异。可见，如果简单地采用折扣率作为筛选标准，不仅可能产生漏报，还可能会产生虚报，相应的干预也会出现问题。

据此，Green 和 Myerson（2019）提出，在探讨与效用折扣有关的问题时，不妨放弃使用模糊而笼统的冲动性一词，而代之以缺少耐心或冒险性等更明确的说法，这样也可以更有效地对不良行为进行干预。否则，对人们开展增强耐心的训练并不能减少其过于冒险的行为，对收益问题的干预也不一定对损失问题有效。实际上，药物滥用者的主要问题不一定在于他们忽略了一时之快会影响长远的好处，而是他们未充分认识到负面的后果有多大（如吸食过量、传染疾病等），也就是说，强调未来的损失巨大也许能更有效地帮助人们抵御眼前的诱惑。最后，从环境条件的角度考虑，对不良行为的干预不必强求改变个人的人格特点，更应关注如何改造环境以促进行为改变。

关于收益与损失这两种不同情境下的延迟选择可能涉及不同的冲动性也有一项专门的研究进行了细致的探讨。Myerson 等（2017）参照 Kirby 等（1999）的金钱选择问卷编制了针对即时损失与远期损失的 27 道选择题，如"现在支付 207 元还是 54 个月后支付 255 元"，然后比较了收益与损失情境下的差异。结果显示，人们在收益情境下只是在折扣率的高低上存在区别，在损失情境下却表现出不同的反应模式：尽管大多数人在面临损失时倾向于延迟支付，但有一小部分人正好相反，当明明可以拖延很久才支付时，他们却更多地选择了立刻支付，而这些人在人格测验中的冲动性得分又是更低的。研究者称这种特征为"负债厌恶"（debt averse），并认为前人研究所发现的"负折扣"（negative discounting）现象很可能与人群中存在此类负债厌恶者有关，他们甚至愿意尽早支付更大的数额而不是延迟支付更小的数额。据此，研究者强调，鉴于物质滥用等行为问题会涉及延迟的负面后果，应特别关注损失情境下的个体差异，区分负债厌恶、损失厌恶等不同群体并分别进行研究，同时，针对不同的冲动性开展相应的干预效果可能更好。

## 三　时间观念的差异

由于跨期决策中会出现个人宁可选择较小的即时收益也不愿意等待未来获得更大收益的现象，很自然地，人们会将跨期决策与儿童心理学中有关延迟满足（delay of gratification）的研究联系起来。在经典的棉花糖实验中，一部分独自等待的儿童经受不住眼前糖果的诱惑而选择吃掉，未能按要求坚持等待足够长的一段时间以得到更多的糖果奖励，这被认为反映了个体的冲动性与缺乏自我控制能力（Mischel & Ebbesen，1970）。不过，任天虹等（2015）指出，尽管跨期决策与延迟满足的研究均致力于考察与时间相关的决策行为，但二者在研究方法、认知机制及神经基础等方面都有所不同，其中最关键的区别就在于，前者关注的是选择，而后者关注的是坚持。至于个人为什么没有坚持到最后，除了冲动性与缺乏自控的解释之外，可能还有其他原因。

McGuire 和 Kable（2013）指出，那种看似非理性、不愿延迟满足的行为背后，不一定是没有正当理由的，这可能与个人基于先前经验而形成的时间信念（temporal belief）有关，尤其是在延迟时间不确定的情况下，如果人们估计等待将会遥遥无期，果断中止就不算是不合理的甚至是有必要的。在经典的棉花糖实验中，实验者只是含糊其词地告诉儿童需要等一段时间，这就使得每个儿童只能凭借自己的理解去估计等待的时间。随着时间的流逝，个人会调整对剩余时间的估计，如果个人预测剩余时间的长度会随着已经等待时间的增长相应地增长而不是缩短，原来显得更大的回报就会效用打折，进而导致偏好反转。为了验证这样的时间信念是否真的属实，两位研究者调查了人们对几种需要长期坚持的现实情境（节食减肥、跑更远的距离、提升学习成绩以及熟练弹奏钢琴等）的看法，结果显示，在尝试了一段时间却没有看到明显进展的情况下，人们确实会预测还要努力的时间长度随着已经尝试时间的增长而增长。进一步地，研究者又对以往延迟满足实验的数据进行了模型拟合，结果表明，考虑了时间折扣有个体差异的模型比只考虑初始效用差异的模型能更好地预测儿童实际等待的时长。据此，研究者认为，不盲目地坚持很可能是人们对环境变化的一种适应，即使是自控力极强的人，也需要判断何种情况下可以继续等待，而何种情况下坚持下去其实是浪费时间。这也提示我们，在对行为问题进行干预时，除了增加耐心或降低折扣，另外一种新的思路是调查个人的时间信念，如果存在不合理之处，可以加以改进。此前 McGuire 和 Kable（2012）的研究已经证实，人的时间信念是可以通过先前的经验进行塑造的，不同的时间信念又会影响个人后续能坚持多久。

时至今日，随着研究的深入，学者对延迟满足与冲动性、自控力乃至未来成就之间的关系已经有了更加全面的认识，不选择延迟满足是不是非理性仍然需要结合环境条件来评判。这又对跨期决策研究提出了新的挑战，即需要关注选择结果在获得的时间和概率两方面的不确定性。

## 第三节 风险跨期决策

以往的跨期决策研究大多数只涉及相对简单的问题情境，人们只需要在结果与延迟时间之间进行权衡，但在现实生活中，人们往往还需要考虑结果实现的概率，也就是风险因素，例如，"现在肯定能获得 100 元"相比"一年后有 25% 的可能性获得 600 元"。于是,同时涉及回报、时间及风险这三方面的权衡与选择就被称为风险跨期决策(risky intertemporal choice; Luckman et al., 2020; Vanderveldt et al., 2015)。显然,风险跨期决策的情境比单独的跨期决策或风险决策更加复杂,牵涉的影响因素更多,人们的选择也更多变,这激发了研究者很大的兴趣。

## 一 回报、时间及风险的权衡

在风险跨期决策的研究中,可以对获得回报的数量、时间及概率这三项属性单独或同时进行操纵。Luckman 等(2020)列出了 6 类可能在两项或三项属性上存在冲突的问题情境,例如,在"1 个月后有 80% 的可能性获得 50 元"与"6 个月后有 50% 的可能性获得 100 元"这对选项中,近期选项在获得的时间、概率两方面更有优势,但远期选项在回报的数量方面更有利。在如此复杂的情境下,人们需要进行更加费时的权衡。Konstantinidis 等(2020)设计了这样一个实验并同时记录了个人的选择与反应时:当前选项被固定为"确定能获得 100 元",远期选项则有一定的风险,获得的概率从 5% 到 95% 不等,收益从 120 元到 500 元不等。结果显示,人们的选择十分灵活,而且随着获得概率增大,反应时也会相应地慢下来,尤其是获得概率超过 50% 后人们做决定似乎更加左右为难。这提示我们,当前选项"确定获得 100 元"的效用并不像传统效用模型所言是固定的,而是相对于与之比较的远期选项而动态变化的。不过,从实验结果中大致还能看出,人们对远期选项的偏好与回报的数量及其获得概率呈正相关,与延迟时间则呈负相关。

在风险跨期决策兴起之前,研究者只能对跨期决策或风险决策分别进行考察,然后对结果进行对比,试图发现延迟折扣与概率折扣的异同。例如,Luckman 等(2017)发现,在单独的风险决策或跨期决策情境下,风险选项"现在有 60% 的可能性获得 90 元"与延迟选项"8 个月后肯定能获得 90 元"的主观价值都相当于"现在肯定获得 50 元",然而,当要求人们在上述的风险选项与延迟选项之间做出取舍时,更多人会偏向后者,即宁愿等待一段时间也要保证确定能获得回报。这种倾向在回报变大时还会更加突出,人们仍然更能容忍延迟而不是风险。进一步分析显示,这很可能是因为,延迟选项的折扣率会变小,而不是风险选项的折扣率发生了变化。

另外，风险与时间似乎又是可以相互转化的。一方面，人们之所以不愿意等待，往往是因为他们担心延迟会带来一定的风险，在等待的过程中可能会发生什么意外阻止结果的实现（Green & Myerson，1996）。另一方面，人们也会从多久才会发生一次的角度去理解结果发生的可能性，对小概率事件经常采用"百年一遇"之类的说法，甚至认为时间折扣是比概率折扣更加基本的过程（Rachlin et al.，1991）。Vanderveldt 等（2017）指出，一些人之所以对赌博乐此不疲，可能是因为他们预期，尽管机会很小，但只要一直赌下去，总有一天会赢钱。也就是说，表面上是风险选择，实际上更像延迟选择，可称之为概率性的等待（probabilistic waiting）。Vanderveldt 等（2017）还通过实验考察了人们对每隔一段时间即可尝试一次的博彩游戏的价值评估，结果发现，随着赢钱机会的减少，主观价值的下降非常接近延迟折扣的模式，并且出现了常见于延迟折扣的正向的量级效应，而不是常见于概率折扣的反向的量级效应。据此，研究者认为，由于有些风险选择不是一次性的，当可以反复尝试的次数越多时，人们对待风险选择就越像是延迟选择，风险厌恶的倾向也就没那么强烈，这为认识赌博成瘾的原因提供了一个新的视角。尽管这些研究提示时间与风险两种影响因素是有关联的，但在风险跨期决策中能否被视为可相互转化的属性仍有待验证。

开展风险跨期决策的研究有一些独特的好处，有助于澄清以往的一些争议（Luckman et al.，2020）。首先，通过设置相互冲突的问题情境，可以厘清时间与风险的关系、何者的影响更大。其次，决策模型大致可分为基于选项还是基于属性进行比较的模型，通过比较不同模型的拟合效果，可以更好地理解人们是如何加工并整合不同选项在回报、时间及风险这三方面的信息并做出最终决定的。

## 二 选项比较模型

无论是风险决策还是跨期决策，长期以来盛行的一种观点认为，人们会分别评估不同选项的效用，然后选择效用更大的那个选项，也就是说，选项的不同属性是在选项内部加以整合之后再进行选项之间的比较。很自然地，对于风险跨期决策，研究者会认为不过是在效用的计算公式中再加上与概率有关的成分即可。一个有代表性的模型是 Vanderveldt 等（2015）

提出的乘法双曲面折扣模型（Multiplicative Hyperboloid Discounting model），其从跨期决策的双曲面模型（Myerson & Green，1995）发展而来。根据该模型，在评估选项的效用时需要同时考虑价值、风险及时间，可以用公式表示如下：

$$U(x, p, t) = v(x) \times w(p) \times d(t) \tag{6-4}$$

其中，$U(x, p, t)$ 表示选项的主观效用，$v(x)$ 表示回报 $x$ 的预期价值，$w(p)$ 表示赋予概率 $p$ 的权重，$d(t)$ 表示延迟时间 $t$ 导致的折扣，三者为相乘的关系（更具体的函数公式可参考原文）。显然，这个模型将风险视为与时间区分开来的属性，符合前述 Green 和 Myerson（2013）的观点，即时间折扣与概率折扣还是有所不同的。

除了上述的乘法双曲面折扣模型以外，还有学者提出了其他的一些模型，尽管不同模型在如何整合效用的具体做法上有所区别，但本质上都认为风险跨期决策是在对各选项的整体效用进行比较的基础上做出的。例如，Yi 等（2006）提出，可以将风险转化为额外的延迟时间，这样回报的价值就可按照总的延迟时间进行折扣。不过，模型拟合的结果显示，这种转化模型的表现不如将时间和风险视为不同成分的模型（Luckman et al.，2020）。

## 三 属性比较模型

不同于选项比较模型，另有一种观点认为，决策者比较的是不同选项在各项属性上的差异，然后将这些差异加以整合之后再做出选择。有关跨期决策，Ericson 等（2015）已经提出过一个针对数量和时间这两项属性分别进行比较的启发式模型，在此基础上，Luckman 等（2020）增加了有关风险属性比较的成分，就发展成了风险跨期决策的启发式（Risky Inter-Temporal Choice Heuristicmodel, RITCH）模型。根据该模型，决策者会分别比较不同选项在获得回报的数量、概率及时间这三项属性上的绝对差异与相对差异，最终选择哪个选项取决于如下的概率函数：

$$P = \frac{1}{1 + e^{-(X+T+R)}} \tag{6-5}$$

其中，$P$ 代表某个选项被选择的概率有多大，$X$ 代表不同选项在回报数量上的绝对差异与相对差异的加权总和，$T$ 代表不同选项在延迟时间上的绝对差异与相对差异的加权总和，$R$ 代表不同选项在获得概率上的绝对差异与相对差异的加权总和（更具体的函数公式可参考原文）。

迄今为止，关于跨期决策已有不少研究表明，属性比较模型的预测效果要优于选项比较模型（孙红月、江程铭，2016）。为了考察这一优势是否同样存在于风险跨期决策中，Luckman 等（2020）针对常见的三种偏好反转现象（量级效应、即刻效应及确定性效应）做了包含大量题目的实验，然后采用 7 种模型对人们的实际选择数据进行了拟合。结果显示，基于前人的属性比较模型改编而来的 RITCH 模型对上述三种效应的预测效果都是最好的，超过了所有的选项比较模型。据此，Luckman 等（2020）建议，未来的研究重点应放在属性比较模型上。不过，他们仍然指出，在考察量级效应的选择情境下，属性比较可能不是独立进行的，主要反映在回报的数量很大时，决策者对时间上的差异似乎变得没有那么看重了。

由于风险跨期决策涉及回报、风险及时间这三种因素的各种组合，研究者所构建的数学模型比跨期决策更为复杂，引入的参数也越来越多，无论现在看来如何精妙，指望找到一个通用的数学模型来预测所有的现象仍然是理想化的。目前看来，很难说各个因素的影响大小存在固定的规律，还是取决于具体的选择情境，这再次提示，人们不墨守成规、表现出灵活多变的偏好可能才是更适应的行为。当然，现实环境的复杂性远远不止上面介绍的这些。

### 四 时间的不确定性

在现有的风险跨期决策研究中，主要关注的是结果的不确定性，提供的是结果实现的概率有多大，但现实环境中结果实现的时间同样存在不确定性，对此人们可能只有模糊的认识。例如，消费者如果想要购买更加心仪的进口商品，可能一个月左右送到，也可能更长时间才能送到，但如果选择购买本地产品，则基本上一周之内肯定送到。从广义上讲，延迟时间不确定也可以归入风险跨期决策的范围。

目前已有学者考察了延迟时间的长短有不同发生概率时人们会表现出怎样的偏好。在 Onay 和 Öncüler（2007）的实验中，决策者需要在确定选项与风险选项之间进行选择，例如，"2 个月后肯定能获得 160 元"相比"有 90%的可能性 1 个月后获得 160 元，有 10%的可能性 11 个月后获得 160 元"，可以看出，在风险选项中，有较小的概率出现很长的延迟（11 个月），但也有较大的概率出现很短的延迟（1 个月），不过，两个选项在预期的延迟时间上是相等的（均为 2 个月），回报数量也是相等的（均为 160 元）。根据经典的折扣预期效用模型推测，上述情境下人们应当更倾向于选择延迟时间有风险的选项而不是确定选项（风险寻求），因为前者的主观效用显得更大。但是，实验结果表明，当很短的延迟更常见但有一定概率出现很长的延迟时，更多的人选择了确定选项，表现出对时间风险的厌恶；相对地，当很长的延迟更常见但有一定概率出现很短的延迟时，人们的偏好又会发生反转，表现出风险寻求的倾向，例如，在"9 个月后肯定能获得 160 元"与"有 20%的可能性 1 个月后获得 160 元，有 80%的可能性 11 个月后获得 160 元"之间，更多的人会选择后者。Onay 和 Öncüler 指出，这可能是因为，不同延迟时间的发生概率在人的主观上不是线性变化的，而是呈现反 S 形，即小概率的延迟会被人赋予过高的权重，这就会导致风险选项的效用被低估或高估。据此，两位学者提出了等级相依的折扣效用模型（Rank-Dependent Discounted-Utility model，RDDU），将延迟时间的客观概率转化为主观的决策权重之后再进行效用的计算。显然，上述研究是在基于描述的决策情境下开展的，所以会出现前景理论（Tversky & Kahneman，1992）所预测的小概率事件权重过高的情况。

为了考察人们在基于经验的决策情境下会有怎样的偏好，Dai 等（2019a）进行了另一个研究，此时，个人需要经过抽样学习的过程来获知延迟时间的长短及其概率，研究者称这种情境具有时间的不确定性（timing uncertainty），相比之下，以往那种基于描述的决策情境会事先告知个人所有选项的延迟时间及其发生概率，属于时间风险（timing risk）问题。基于前述的 RDDU 模型，Dai 等提出确定选项的主观价值 $V$ 为回报的效用加上延迟折扣，可用公式表示如下：

$$V(x, t) = u(x) + d(t) \tag{6-6}$$

其中，$u(x)$ 代表回报 $x$ 的效用，$d(t)$ 代表延迟时间 $t$ 导致的折扣，其实是负值，即 $d(t) = -kt$，$k$ 代表时间折扣率。

另外，风险选项的主观价值 $V$ 等于回报的效用加上长的、短的延迟各自产生的折扣，可用公式表示如下：

$$V(x, s; p; x, l, 1-p) = u(x) + \{w(p)d(s) + [1-w(p)]d(l)\} \quad (6-7)$$

其中，$s$、$l$ 分别代表短的、长的延迟，$w(p)$ 代表短的延迟发生概率 $p$ 对应的权重，$1-w(p)$ 代表长的延迟发生概率 $q$（等于 $1-p$）对应的权重，$d(s)$ 代表短的延迟时间 $s$ 导致的折扣，$d(l)$ 代表长的延迟时间 $l$ 导致的折扣。

采用与 Onay 和 Öncüler（2007）类似的跨期决策题目，Dai 等（2019a）的研究发现，在基于经验的决策情境下，人们的时间偏好果然不同于基于描述的决策情境下，即在风险跨期决策中也发现了描述-经验差距。具体而言，当很短的延迟更常见但有小概率出现很长的延迟时，人们在基于经验的决策情境下会比基于描述的决策情境下更多地选择风险选项（风险寻求）；然而，当很长的延迟更常见但有小概率出现很短的延迟时，人们的偏好会发生反转，在基于经验的决策情境下会比基于描述的决策情境下更多地选择确定选项（风险厌恶）。进一步模型拟合的结果表明，描述-经验差距的一大原因在于基于经验决策时小概率事件的权重被低估，即呈现 S 形，这又与抽样误差有关，人们在了解延迟时间的分布时往往只进行少量的抽样，很少甚至没有遭遇到小概率的延迟，就容易低估其真实的概率。不过，即使在强制要求个人抽样 10 次的条件下，描述-经验差距仍然没有消失，可见，这种差距并不完全是抽样误差所致，不同的信息获取方式确实会产生不同的影响。Dai 等还指出，人的经验不止于此，当个人真正经历过长期的等待或体验过期待的结果之后，其选择又会如何变化还有待进一步的探究。

尽管风险因素引发了越来越多的关注，但实验室中的跨期决策情境还是比较理想化的。Dai 等（2019b：176）指出，在现实世界中，回报、风险或时间等任何一个方面都可能存在变数，人类或动物的行为多变在不确定的环境中可能自有其合理性，同时，在很多情况下也缺少现成的知识，有待决策主体去摸索并更新。未来的跨期决策研究可以更多地采用基于经验的决策范式，甚至加上环境条件的变化，以得出更多有益的发现。

总而言之，跨期决策的研究起源于经济学领域，如今已经扩展至许多不同的学科，有助于理解人类权衡远近利益的行为并加以干预，同时，将回报和时间的不确定性都纳入考虑更加接近现实的环境条件。不过，尽管学者提倡要关注潜在的心理过程，现有的研究取向仍然深受经典的效用模型和最大化思想的影响，通过引入越来越多的参数来代表各种心理因素，构建出的还是"仿佛如此"（as-if）的模型，无论当前看来拟合效果有多好，仍会面临层出不穷的"异象"的挑战。正如 Dai 等（2019 b：189）所言，是时候改变思路，将人们灵活多变的选择视为对环境不确定性的适应，这样的未来才是值得期待的。

# 第七章 默认启发式

通常而言，人会主动选择某个适宜的选项，但如果缺少相关的知识不知道该怎么选或不想费力思考，也可以不做选择，遵从问题提出者已经预先选中的选项，这种极为简单的策略就是默认启发式，其也常被用来应对不确定性。一些学者和公共政策制定者认为可以利用人的这种"惰性"去引导他们做出符合社会期望的行为（如环保、储蓄、捐献、健康饮食等），其有效性得到了大量研究的证实。不过，即使是隐蔽的说服方式也存在伦理上的风险，如何从外部助推转向自我助推值得进行探索。此外，在数字化环境下人们如何防止被智能技术操纵，同时还能参照默认选项做出适应性的决策更是亟须研究的问题。默认效应看似非理性，实则牵涉到多种心理机制，如果从利用社会性线索的推理、社会意义建构的角度去考察，有可能更多地揭示出默认启发式所适用的环境条件及其蕴含的生态理性。

## 第一节 默认选项与默认效应

在一些现实场景下（如安装软件时），人们会发现，在可能的选项中已经被预先选定了某个选项，尽管也可以想一想是否要切换至其他选项，但不少人会直接表示"同意"并很快进入后续的步骤，这种预先被选定的选项就属于默认选项（default option）。一般而言，默认选项是人不做选择时被施加的选项（Johnson & Goldstein, 2003），在消费领域，当消费者没有明确提出其他要求时往往也会被提供默认的款式或方案（Brown & Krishna, 2004）。相应地，人倾向于接受默认选项而不做改变的现象就被称为默认效应（default effect），显然，传统的经济学理论难以解释这样的现象，因为其假设是人会表达明确且前后一致的偏好（Johnson & Goldstein, 2003）。时至今日，不少企业或机构在有意或无意地利用默认选项的设定来引导人的选择、达成一定的目标，其背后的作用机制和潜在的风险也引起了研究者的关注。

## 一　默认选项的作用

默认选项的威力受到瞩目源自约翰逊和戈德斯坦（Johnson & Goldstein, 2003）针对一个现实问题的分析，根据他们的调查，欧洲不同国家的民众在同意去世后捐献器官的人数比例上存在非常明显的两极分化，低的只有5%~28%（如丹麦、英国、德国、荷兰），高的则超过99%（如奥地利、法国、匈牙利、波兰、葡萄牙），差距约为60个百分点。这似乎与国家的经济发展水平、宣传教育的力度、信仰、文化传统等关系不大，而取决于各国有关如何成为捐献者的政策：在那些同意率高的国家，所有人都被预设为潜在的捐献者，那些不愿意捐献的人要通过登记才能退出（opt-out）；相对地，在那些同意率低的国家则没有这样的预设，那些愿意捐献者才需要登记去加入（opt-in）。也就是说，"退出"式还是"加入"式的默认设定影响了人们的偏好，而传统的经济学理论认为，如果默认设定与人的偏好不一致，人们会另做选择，默认设定就不会有这么大的作用。两位研究者对美国人的实验也发现，即使做出改变只需要轻点一下鼠标、不用填写表格，不同的默认设定也仍会导致悬殊的同意率。据此，他们推测，人的偏好不是既定的而是被建构的，默认设定可能通过三种方式影响人的选择：第一，人们以为默认选项是一种隐含的推荐；第二，面临的抉择让人感到为难、有压力，于是选择顺其自然；第三，改变现状会带来损失，而人是损失厌恶的，所以宁可维持现状。于是，研究者建议，在制定政策时需要重视默认设定产生的效应，当选择需要人付出身心的努力甚至会有情感冲突时，如果存在这样一种默认的选项可以减轻决策者的负担，可以考虑将它作为默认设定。同时，他们提醒，默认设定可能导致两类错误，"退出"式的设定可能将反对者纳入，而"加入"式的设定可能漏掉支持者，在设计选项时要注意收益与代价的平衡。

此后，不断有研究证实了默认选项的作用。一个非常有名的真实例子是，默认设定由"加入"变为"退出"可以将企业员工参加退休储蓄计划的人数比例从 37% 提升至 86%，促进了员工为养老早做准备而不是把钱都花光（Madrian & Shea，2001）。在广受关注的环保领域，Pichert 和 Katsikopoulos（2008）观察到，在德国的一个小镇上，由于当地的电力公司将默认选项设置为使用可再生的绿色能源，绝大多数居民接受了这一选项而没有改为更便宜的火力发电，其后续实验也表明，默认设定为何种选项会极大地影响人的选择，如果默认采用的是火力发电，人们很少会选择更改，反之亦然。两位研究者还指出，遵从默认选项并不意味着人是非理性的，因为人们可能将它理解为供应方推荐的或适合于多数人的方案，这恰恰体现了人对社会规范的重视。

实际上，保持群体成员之间的协调合作具有进化上的适应功能，吉仁泽（Gigerenzer，2010）指出，如果既有的默认设定反映了群体中的常态或规范，不做更多考虑、遵从默认设定就是一种省时省力的简捷策略，可称其为默认启发式（default heuristic），其体现了人的生态理性。他还认为，这种策略本身是中性的，在环保节能、器官捐献等关乎道德的决策上，受不同的默认设定影响，人既有可能做出道德的选择，也有可能做出不道德的选择，即行为上的不一致性不一定意味着策略发生了改变，而是取决于环境的变化。据此，如果希望促进人的道德行为，相比费力提升内在的道德品质，改造外部环境可能更加有效。

进一步地，赫特维希等（Hertwig et al.，2013：32）也认为，在充满复杂性、目标相互冲突的社会两难情境下，默认启发式等简捷策略可以帮助人做出又快又好的决策。与此相对应，在自动驾驶领域，Meder 等（2019）提出，一种默认的举措有助于化解道德哲学家提出的"电车难题"（trolley dilemma），即遇到危急状况时赶紧刹车（而不是转向），这原本就是交通安全教育中常规的应急操作，具有可控性，不要求额外的信息也不增加额外的不确定性，更不用权衡要不要牺牲少数人以挽救多数人，可以避免遵从功利主义还是道义论的争议。他们的实验结果也显示：即使紧急刹车不总是能让伤亡最小化，人们也更倾向于采取这种操作而不是转向，尤其是对自动驾驶汽车而言，当选择转向而撞向旁边行人的概率不确定时，无论不转向而撞向前方行人的概率是大是小，人们都更能接受紧急刹车而不是转向的操作；同时，人们对紧急刹车的道德评价和事后反思也不会产生大的波动，即无论后来是否真的致人伤亡都不会有明显变化，而对转向动作的评价就取决于结果是好是坏。据此，研究者建议，即使在道路风险难以准确估计的情况下，紧急刹车也不失为一种合理且可行的默认操作，这同样适用于自动驾驶系统。

如今，默认选项的设计已成为不少学者大力倡导的一种简捷手段，是很有代表性的一种助推措施，可以将人导向有利于个人和社会的选择，对已有研究的元分析结果也显示，默认选项的效应量是较大的（赵宁等，2022；Jachimowicz et al.，2019）。同时，在各种助推手段中，其效应量也是相对最大的（Mertens et al.，2022）。

受到研究证据的鼓舞，越来越多的政策制定者尝试利用默认选项来推行政策，却很少有人注意到，一种默认设定的形成并非在朝夕之间，而可能需要一个漫长的过程才能成为常规。例如，紧急刹车可以说是交通工具发明以来历经各种事故的分析之后所公认的相对最有可能减少伤亡的操作，因此才会被纳入交通安全教育并成为驾驶员和行人指导自身行为的一种依据（Meder et al.，2019）。在前述 Pichert 和 Katsikopoulos（2008）的研究中，另外提到一个目前使用绿色能源的德国小镇，那里最早也跟其他大多数的德国城市一样采用火力发电，只是在当地一些环保人士的不懈努力下居民投票决定要更换电力公司，支持者也只是比反对者略微多一些，不过，换成绿色能源后，即使后面能源市场开放，大多数居民也没有选择更改，而是保持至今。可见，对那种比较自然形成的默认设定，个人可能更容易接受。但是，如果默认设定不时地被人为干预或发生突变，就可能起不到预期的效果甚至还会产生反作用。例如，2016 年在荷兰，当成为捐献者的默认设定由"加入"政策变为"退出"政策之后，引起了民众的反感，短时间内前去登记要求退出捐献的人数量猛增，其中有些人以前还是主动选择加入的，在新法规出台后专门更改了意愿以示不满（Krijnen et al.，2017）。这个真实的案例提醒我们，有必要更多地关注并研究初始默认设定形成的背景以及后续变化的过程，对那些人们看重的决策，即使要修改默认设定，也要做好前期的沟通解释工作，否则容易让人产生被操纵的感受。不仅如此，吉仁泽（Gigerenzer，2023a：77）还指出，在衡量默认选项的作用时，不能把表面的同意与实际行动混为一谈，实际上，尽管实行"退出"政策的国家中民众同意率远远超过实行"加入"政策的国家，实际达成的捐献率却是差不多的（Arshad et al.，2019），也就是说，对那些需要多方配合、流程复杂甚至还有时间压力的系统工程而言，更需要解决某些关键环节的组织与协调问题，不能奢望改变默认设定就能一劳永逸。吉仁泽（Gigerenzer，2023a：79）还提醒到，默认选项影响人的选择并不是最终的目标，可惜，很少有研究追踪所谓"更好"的选择是否真的提升了人的福利，例如，默认参加了退休储蓄计划的员工是否真的更加幸福，另外，默认选项的效果是否持久也值得探究。

针对默认选项对选择的影响能否转化为最终结果的问题，Kalkstein等（2022）在美国的多所中学进行了一个大规模的现场实验，考察了能否通过设定默认选项来提升高中生参加大学先修课程考试的人数比例。结果显示，相比让学生选择是否"报名"，预先选定"报名"这个选项确实能有效提高学期之初的考试报名率，但到了期末实际参加考试的人数比例并没有增加。据此，研究者指出，默认选项不是解决问题的万灵药，从初始选择到最终实现目标还有一段路，中间出现的其他因素可能会削弱乃至抵消默认选项的作用，这有助于解释默认效应忽高忽低的变异性，也提示我们，只有更全面地看待整个过程，才有可能做出真正有效的设计。

## 二 默认效应的机制

Dinner等（2011）指出，导致默认效应的原因有多种，大致可以归为三个方面，即努力、隐含的推荐及参照依赖。首先，做出改变往往需要额外的努力，这既可能要求体力上的付出（如填表、开证明、邮寄等），也可能要求认知上的信息搜索或权衡，而保留默认选项更为轻松、省力，尤其是在那些不怎么重要的问题上更是如此。其次，人可能会把默认选项理解为政策制定者或供应方所推荐的选项（McKenzie et al.，2006），越是相信如此就越会遵从默认选项。最后，面对默认选项，人可能将它当成自己当下已经拥有的，一旦改变就可能引发损失厌恶，并且人会以默认选项为参照点来比较其他选项，具体而言，根据基于记忆的质询理论（Query Theory；Johnson et al.，2007），人会优先在记忆里查询默认选项的优点或其他选项的缺点，并更多地发掘支持前者的理由，提取出的信息也就更有利于前者。Dinner等随后进行的实验表明，默认设定为何种选项极大地影响了人们选择节能灯还是更便宜的白炽灯，其中介机制主要在于回忆出来的两种灯泡优点、缺点的先后顺序和数量多少，更有甚者，如果要求人们改变查询顺序，即优先考虑支持非默认选项的理由，还可以消除默认效应。据此，研究者指出，尽管其实验主要验证了第三种原因，即默认选项是作为参照点影响个人偏好的建构而起作用的，另外两种原因仍不可忽视，它们在另外一些场合下可能会发挥作用。

进一步地，Jachimowicz 等（2019）将默认效应的机制概括为容易（ease）、推荐（endorsement）及赋予（endowment），他们对大量研究的元分析结果显示，默认选项的效应量大小受到是否被人们视为推荐的选项和现有状态这两种因素的调节，不过，切换选择是否容易这一因素的调节作用尚未显现。无论如何，Jachimowicz 等认为，多种原因相互叠加会让默认效应变得更大，同时提醒我们，尽管平均看来利用默认选项能有效引导人的行为，但仍需注意在不同领域或情境下其效应量大小会有波动，除了要加强上述三种原因的研究，还可以关注其他的调节因素，例如，如果个人本身具有强烈的偏好，或者认为选择的后果很重要，就不太会受到默认选项的影响，另外，如果人群中偏好的分布并不集中，设定单一的默认选项也不合适，因此调查民众的真实偏好也很有必要。

### 三　隐含的推荐与社会规范

针对人们将默认选项理解为隐含的推荐这种原因，McKenzie 等（2018）进行了深入的反思，得出的结论是这并不意味着一种偏差或反映了人的非理性，相反，这表明在信息有限、自身偏好又不清楚的环境下决策者对相关的线索很敏感，会利用可得的线索去推测环境的状况、建构自身的偏好进而做出选择。具体地，他们引用之前进行的一项研究（McKenzie et al., 2006）来说明，一方面，人们往往推测默认选项是政策制定者所倡导且身体力行的；另一方面，当要求人们自己来制定政策时，他们也会将自己偏好或赞同的方案设定为默认选项，利用它向受众"暗示"好的做法是什么，相应地，如果受众接受了默认选项就可以证明他们接收到了该信号。显然，上述看法非常接近吉仁泽（Gigerenzer, 2010）从生态理性角度对默认启发式的解释。

进一步地，McKenzie 等（2018）建议，选项设计者应重视人对环境线索的敏感性，从尊重人的决策自主性的角度考虑，还应将那些隐含的、模糊的信息明确化，例如，采用简明易懂的方式披露默认选项来自什么机构的推荐、属于强制性的社会规范还是最常见的选择，尽管这样做可能削弱其作用，从长远看却是值得的，有助于减轻操纵民众的嫌疑。据此，McKenzie 等认为，相比以往以结果为导向的做法，他们提倡的是过程导向的助推，注重为决策者提供更高质量的信息，这又与生态理性学派倡导的赋能（Hertwig & Grüne-Yanoff，2017）有共通之处，后者同样关注决策的过程，只是更致力于提升决策者的信息处理能力。综上可见，McKenzie 等正是由于开始注意到环境线索对人的影响，才会从动态、适应性的角度去看待人的理性从而得出比较积极的看法。实际上，除了默认效应，他们还将不同表述方式导致的框架效应以及单独、同时呈现不同选项时产生的评价差异都视为人对不同选择环境的合理反应，并认为其均体现了利用线索的推理，这不同于泰勒和桑斯坦（Thaler & Sunstein，2009/2018）将偏好变化归咎为非理性的狭隘观点，尽管二者都倡导助推，但前者相信如果正常人获得准确无误的信息就能做出理性决策，而后者认为人的认知偏差无可挽救因此只能被导向更好的选择。

基于 McKenzie 等（2006）有关隐含的推荐这一解释，Everett 等（2015）从社会心理学的角度进行了明确化，指出人遵从默认选项的一大原因就是出于社会规范的考虑，社会规范是有关群体中适当的或常见的行为的信念（Cialdini & Trost，1998），它们对行为的影响早就被社会心理学领域的大量研究所证实。具体而言，在社会性场合下，当人们不确定自己该如何行事时，可从默认设定推测出两种社会规范：一种是强制性规范（injunctive norm），即社会赞许的行为；另一种是描述性规范（descriptive norm），即群体中常见的行为。也就是说，人可以根据默认选项的提示大致推断自己应该怎么做或者像多数人一样做什么。为了验证上述假设，Everett 等进行了多个慈善捐款实验，结果发现：相比默认不捐献（"加入"式设定）时，在默认捐献（"退出"式设定）情境下人们会更多地捐出自己完成实验任务获得的收益，并且评价默认捐献是更符合社会规范的；同时，人感知到的社会规范在不同默认设定对捐款行为的影响中起着中介作用，尤其是描述性规范（多数人会怎么做）表现出稳健的中介作用；此外，默认选项的作用还会发生迁移，当看到别国有关多交 5% 的税用于慈善事业的默认设定为退出政策之后，在新的没有设置默认选项的自由捐赠情境下，人们会更多地捐出自己完成实验任务获得的收益，即做出符合社会规范的行为。据此，研究者认为，比起省力或维持现状这两种原因，上述结果更支持社会规范的作用，另外，尽管在慈善捐赠情境中描述性规范的作用显得更稳定，在另外一些决策情境下，强制性规范（如政府机构提倡做什么）可能更加相关，对人的引导作用也就更明显，这还需开展更多的研究。

由上可见，隐含的推荐这一解释可以在社会心理学领域找到坚实的支撑，这可能也是默认设定经常与社会比较等其他社会性助推手段结合起来被用于引导选择（Bergram et al., 2022）的原因之一。另外需要注意的是，无论是描述性规范还是强制性规范，其形成均非一朝一夕之事，跟道德准则一样，其目的都是协调群体的一致性，人在成长过程中会潜移默化地习得这些规则，一旦选择环境提示了与之相关的线索，就容易推测出相应的规范。这提醒我们，即使是在实验室研究中，设定默认选项时也不能太过人为性，如果违背常理或公认的规范，很可能得不到真正有意义的结果。

鉴于隐含的推荐或者说感知的社会规范是导致默认效应的重要原因，围绕选项意义的理解开展研究有可能更多地揭示出使用默认启发式的合理性。实际上，Steffel 等（2016）针对公寓节能环保设施选择的实验发现，即使明确向人们披露了默认选项的设置有何目的，他们也仍然倾向于保留它。如果从隐含的推荐角度去看待上述结果，人们不做改变就不算是什么"顽固不化"的偏差，而是重视社会常规的表现。

### 四 设置默认选项的伦理风险

20世纪中期，在市场营销领域一度盛行过运用心理学的洞察和方法来推销产品，当时被称为"隐匿的说服者"（Packard, 1957），似乎非常专业、有效，消费者不知不觉就购买了许多不需要的东西，由此引发了较大的争议而逐渐式微。助推受到追捧可以说是这种取向的复兴，随着设定默认选项的方法被越来越多地应用于商业领域，关注伦理问题的学者 Smith 等（2013）借鉴历史进行了反思，从不同的角度分析了将这种策略应用于营销的潜在风险。

首先，默认选项的倡导者认为它们能够促进公共福利的最大化，在结果上是好的，就不必顾虑手段是否带有导向性，这是一种功利主义的观点，姑且不论该观点能否被广泛接受，在实施时也会碰到两个难题：一方面，商家与消费者的利益不一定是一致的，此时前者就缺少动力去设置对后者有利的默认选项，例如，默认安装最高配置的产品会更加昂贵却不一定有必要，更有甚者，选项设计者当时以为是有利的默认设定在后来可能被证明是不利的；另一方面，人的偏好、需求是多样化的，即使多数人可以从默认设定中获益，也会有一小部分人出现不适甚至受到伤害，例如，尽管汽车安全气囊总体上能减少伤亡事故，对身形小的人或儿童却会造成威胁，此外，有些人也没有从养老储蓄计划中受益，甚至后悔当初被默认加入其中。可见，以提升福利为理由还是会产生新的伦理争议。

其次，根据道义论的原则，人有自主选择的权利，尊重人的这种权利是营销工作者应当遵守的伦理规范，而导致默认选项起作用的三大原因都提示它们往往是在暗地里发挥作用的，也就会或多或少地侵犯人的自主性。换言之，人不仅可以有自己的偏好，还应能够自主决定是否满足这些偏好，如果人们希望省时省力或确实认可来自外部的推荐，可以算是保留了自主性，但如果让人误以为不存在其他选择或转换选择需要付出较大的代价，就损害了人的自主性。当然，在某些情况下人们由于缺少经验可能尚未形成明确的偏好，此时让他们主动做出选择比较困难，因此完全摒弃默认选项也是不现实的，这就需要探索如何设计出既能维护人的自主性同时又比较合理的默认选项。

根据 Smith 等（2013）的建议，凭主观臆测设定默认选项或者以为单一的默认选项适用于所有人均是不可取的，营销工作者应回到关注与满足消费者需求的优良传统，在充分调查研究的基础上为他们量身定制合理的默认选项，从而实现商家和消费者的双赢，这就是所谓的"精明的默认选项"（smart default）。例如，汽车厂商没有必要将最基本的款式设定为默认选项，这样的方案只会让厂家和消费者都不能获益，相反，厂家可以根据调查结果和历史记录为不同特征的消费者定制个性化的默认选项（如运动型、家庭型等），从长远来看这样的投入能够提升消费者的满意度、忠诚度进而让厂家赢利。在设计个性化的默认选项时，需注意数量不要太多，尽量不给消费者造成太大的认知负荷。在网络环境下收集用户数据尤其要注意隐私保护的问题，需征求用户的知情同意。此外，公共管理者也需加强对设定默认选项的监管，例如，增加提示或警告信息，让消费者知晓有其他选项可供选择或者默认选项并不是官方推荐的或多数人偏好的选项，甚至可以出台相关政策禁止在某些非必要情况下进行默认设定，而是必须让消费者主动选择是否加入（如在电脑上使用何种浏览器）。最后，还可以加强对消费者的宣传教育，除了默认效应，还有框架效应、锚定效应等现象都常见于商业领域，有必要让大众了解其成因以及如何应对。

## 五 自我助推

无论如何小心地为消费者设计默认选项，外部设计者都无法完全避免伦理上的风险，同时难以保证不会有组织为了商业利益最大化的目标而滥用助推手段。瑞朱拉和赫特维希（Reijula & Hertwig, 2022）指出，现代社会出现了一些非常值得关注的问题，诸如摄入过多垃圾食品导致的肥胖症、时刻想要查看消息更新的社交媒体依赖等，其根源似乎在于人缺乏自控力，但实际上，消费者难以抵御各种诱惑的一大原因是选择环境中充斥着操纵性的手段。为了应对这些挑战，他们提倡一种非外部强加且容易实行的折中取向，即自我助推（self-nudging），由人们自行设计家里、办公室或网络的环境以帮助实现自我管理。

之所以提倡由自我而不是外部来助推，除了伦理上的考虑，瑞朱拉和赫特维希特别强调了预测人的偏好有困难：一方面，幸福快乐取决于个人的感受、没有绝对的衡量标准，就默认设定而言，无论是政策制定者还是经济学家，这些外部设计者所看好的默认选项都不一定符合个人真正的偏好，例如，有些人不愿意为将来存钱或不喜欢吃所谓的健康食品并不是出于冲动而是理性思考的决定，不应被完全否定；另一方面，外部设计者将个人幸福等同于追求长远目标也比较武断，实际上过分的控制或自律反而是不利的（如极度节俭、厌食症等），合理的选择是在当前享受和未来收获之间做好平衡。鉴于此，即使是自诩为专家的设计者，也不能想当然地以为"一刀切"式的默认选项适用于所有人，尤其是在某些复杂的问题上，而想要设计出更加个性化的默认选项又可能缺少必要的信息。

基于行为科学的研究成果，瑞朱拉和赫特维希建议，可以通过教育先让人了解环境设置影响行为的机制，然后个人就可以为自己量身定制适当的目标和助推措施，并相应地设计、改造周围的环境。以默认设定为例，为了避免沉溺于社交媒体，个人可以修改应用程序的默认设置，以减少消息通知的打扰，也可以将浏览器的默认主页直接换成更有意义的网站。除了默认设定，其他一些传统的助推措施也可以被个人改造为自我助推的手段，甚至可以采取更严厉的做法，如直接去掉某些诱惑人的选项，并且个人还可以对不同手段的效果进行检验。

在瑞朱拉和赫特维希看来，自我助推兼顾了自主性和有效性，可以应用于外部力量无法涉足的私人领域，具有不少独特的优势：既能让人学会如何借助环境力量更容易地控制冲动行为，也可以避免受到外部操纵、产生不可逆后果的风险。显然，尽管自我助推的观点承认人的冲动性乃至内部的目标冲突，但本质上仍然相信个人的能动性、对理性持有积极的看法，这与助推创始者泰勒和桑斯坦（Thaler & Sunstein，2009/2018）的立场是有区别的。比自我助推要求更高的就是赫特维希和格鲁恩-雅诺夫（Hertwig & Grüne-Yanoff，2017）倡导的赋能，其更关注风险认知和决策能力的提升，不过，他们也认识到，赋能往往需要花费较多的时间、精力去设计培训方案并加以实施，有些对象也缺乏学习的动机，此时自我助推就成一种有用的补充，可以更简便地利用环境强化人的自控。瑞朱拉和赫特维希（Reijula & Hertwig，2022）还认为，正所谓"授人以鱼，不如授人以渔"，传统的助推只注重快速改变行为，而自我助推要求个人的主动参与、理解与行动，从长远看能提升个人处理内部冲突的能力，可以说更有利于个人重新掌控周围的选择环境。目前看来，自我助推是一种性价比相对较高的取向，除了利用默认设定等常见方法以外，还可以开发出哪些有效方法需要进行更多的探究。

## 六 数字化助推

随着信息技术的飞速发展和各种应用程序的普及，在数字化环境下利用人机交互界面的设计对人的选择和行为进行引导成为新的热点，这被称为数字化助推（digital nudging；Weinmann et al.，2016）。Bergram 等（2022）指出，通过收集和使用大量用户的实时数据（如个人特征、位置、行为等），网络平台可以方便地对个人的选择环境进行个性化定制，同时，个人的数据也可以动态地影响其他用户的选择环境，即在用户之间建立了相互关联（interconnectedness），这些特征使数字化环境下的助推比起传统的助推有一些独特的优势，但也会产生令人意想不到或影响深远的后果，这些都值得大力研究。

根据 Bergram 等（2022）的回顾，在数字化环境下，设定默认选项仍是研究得最多的助推手段之一，只是应用的领域多为用户隐私授权设置、消费决策等，而不再是与公共政策有关的问题。例如，Ingendahl 等（2021）对网上购物的实验发现，相比未被选中的选项，消费者会更多地购买预先被选中的默认选项，更有甚者，如果同时在旁边呈现提示说明该选项也是已经购买者最推荐的商品，购买率还会进一步上升。也就是说，默认效应与社会影响叠加的效果更大，因为"高分推荐"的说明相当于将默认选项所隐含的推荐明确化了。该研究还显示，即使是认知需求高（喜欢深思熟虑）的人也会跟认知需求低者同等程度地受到默认选项的影响，这再次提示，消费者接受默认选项主要不是因为省心省力，更有可能是将它们理解为了隐含的推荐（McKenzie et al., 2006）。

不过，Bergram 等（2022）也指出，目前看来，尽管各大网络平台会利用自身技术优势对用户界面的改进开展大量的现场实验，但在实验室条件下能在呈现信息时真正做到个性化和用户互联性的研究还很缺乏。这提示我们，未来对默认选项设计等助推措施的研究需要强化数字化场景的特征，例如，对不同偏好的用户定制不同的默认选项，或者根据各选项实时的选择人数比例动态地更新默认选项等。

总而言之，一种默认设定通常不会突然间就横空出世，可能经历长期的过程才形成了约定俗成的规范或公认的有利选项，在这样的情况下人遵从默认设定就可能做出又快又好的决策，默认启发式也就称得上一种利用社会性线索的简捷策略。但是，如果环境发生变化，默认选项不再代表值得推荐的选项或未能如实反映社会规范，继续利用默认启发式就可能产生不利的后果。因此，关注选项设计的伦理问题显得特别重要，如果被居心不良者滥用将导致默认选项失去公信力而不再有效。默认效应本身无所谓绝对的好坏，不必因噎废食，关键在于如何善加利用以及采取何种取向来开展研究和实践。如果将默认效应视为人的非理性，容易走向急功近利、操纵人心那一端；而如果相信人的生态理性，就会更多地考察如何为不同的人提供合适的信息以促进其决策。同时，评估不同取向的成效不仅要看短期的结果，更要注重长期的能力提升。

## 第二节　默认选项的社会意义

在信息缺乏、偏好不明确的情况下，人会根据默认选项去推测常规的选择或社会期望是什么，不过，人并非只能被动地受默认选项摆布，实际上，人还可以主动利用默认选项去产生社会影响。近年来，研究者开始关注当个人有机会选择不同的默认设定时会怎样利用这条环境线索去影响他人对自己的看法。

### 一　社会意义建构

尽管默认设定通过隐蔽的方式影响选择，但人们对其作用不是没有察觉，而是会进行相应的解读。Davidai 等（2012）指出，正如社会心理学所强调的，影响行为的往往不是客观环境，而是人对环境条件的主观解释，这意味着，人对不同默认设定下同意成为潜在的器官捐献者的意义可能有不同的理解，这又会影响其后续的选择。他们的调查结果显示：对实行加入政策国家的公民，人们评价其同意捐献的选择有很强的自我牺牲精神，比得上那种愿意将自己一半的遗产捐给慈善组织的行为；然而，对实行退出政策国家的公民，人们认为其同意捐献的选择没什么了不起，只与在排队时为别人让位或者花点时间为穷人做些志愿服务差不多。类似地，Lin 等（2018）要求人们想象自己是死者的家属，他们会认为在需要主动加入的设定下亲人生前的同意体现了更强烈的捐献意愿。可见，即使是同样的选择，在不同背景的映衬下，也会显示出不同的意义。

进一步地，Krijnen 等（2017）指出，人不仅会对不同环境下选择的意义进行解读，还会关注自己的选择可能向他人传达怎样的意义，这可被称为社会意义建构（social sensemaking），这两方面的合力共同影响着人的选择，也决定了行为干预措施的成败。他们还认为，泰勒和桑斯坦（Thaler & Sunstein, 2009 /2018）提出的选择架构设计相当于 1.0 版本，只关注选项的呈现方式却忽视了决策者如何理解设计者的意图，在试图引导行为时可能会事与愿违甚至产生反作用，而改进的选择架构设计注重分析决策过程中的社会意义建构，可称之为选择架构 2.0（choice architecture 2.0）版本。具体而言，面对呈现的选项，人首先会推测设计者的信念和意图，即为什么会以某种特定的方式而不是其他方式呈现这些选项，可称之为信息泄露（information leakage）阶段。例如，员工会思考为什么公司要默认设定为加入退休储蓄计划，如果他们推测这是公司推荐的有利选项，就可能遵从该默认设定。接下来，人又会推测自己的选择会引起选项设计者和其他旁观者怎样的理解，即传达出了什么信号，可称之为行为信号发送（behavioral signaling）阶段。

通过引用现场和实验室研究中多个成功或失败的案例，Krijnen 等（2017）分析了选项呈现的方式会如何引发人的不同理解从而提升或降低了干预的成效。就默认选项而言，人们越是相信它是被推荐的有利选项，就越倾向于接受它，但是，如果人们怀疑选项设计者的动机或能力，就倾向于拒绝它。例如，当消费者认为商家只是为了赚取更多的利润时，就不会愿意默认升级到更昂贵的方案；又如前述器官捐献案例所显示的，当民众认为默认设定改成退出是对选择自由的侵犯时，也会奋起反对。另外，人们还很在乎自己的选择会引发他人怎样的理解，心理学早就揭示人倾向于做出社会期望的行为。例如，相比通过公共传播途径（如咳嗽、打喷嚏）染上的疾病，人们对那种在社会上被污名化的疾病（如艾滋病等）更不愿意表现出违反常规的行为（Young et al., 2009）。具体而言，人们更不愿意在默认为不参加体检的设定下选择参加，这可能是因为他们不希望别人认为自己在从事高风险的性行为，但是，在默认要参加体检的设定下，人们不会更多地选择退出，因为他们可能担心不参加体检会让别人以为自己有什么毛病要隐藏，即"退出"式的设定可以通过减少人对污名化的顾虑而有效提高此类疾病的检测率。可见，如果说默认设定会"泄露"隐含的信息，人们基于这种背景条件做出的选择相当于会出现"反向的"信息泄露。

那么，哪些情形容易触发人的社会意义建构呢？根据 Krijnen 等（2017）的看法，选项设计者需要关注偏好不确定性、不信任感、选择重要性、变化巨大以及透明性等五个方面的问题，在设计、实施及修正干预措施的过程中经常进行检查。具体而言，第一，当人们不确定自己该如何选择时，往往会从选项中寻找线索，这可以解释为什么对相关领域缺少知识或经验的人容易将默认选项当成设计者推荐的选项而加以接受；第二，如果人们不信任选项设计者，就容易质疑其设置选项的目的，相反，如果消费者对商家之前提供的默认选项感到满意，往往会继续接受默认选项；第三，对那些与个人相关、有重要后果的选择人们往往会更多考虑设计者的意图和能力，显然，像退休储蓄计划这样的默认设定就比公司邮件默认使用何种字体更为重要；第四，当选择环境发生剧烈变化时（如默认设定由加入变成退出），也容易激发人们推测这背后有何目的，不过，随着时间的推移，人们会逐渐习惯新的默认设定而不再多想；第五，如果设计者明确告知人们选项设置的原理，可能会让他们产生不好的推测并且走向反对，不过，正如Steffel等（2016）的实验所显示的，保持透明的做法更加符合伦理，也有可能会让人感到更加公平、可以接受，从而不会影响干预的效果，这需要更多的研究加以澄清。Krijnen等（2017）还提醒，在大规模地正式推行干预措施之前，最好进行预研究，考察选项设计是否会激起消极的社会意义建构以至于达不到预期的效果。

由上可见，不同的选择环境会提供不同的线索，影响人基于这些线索的推断，进而导致不同的选择，尤其是在复杂的社会互动情境下，即使是微妙的变化也可能让人对默认选项的意义产生截然相反的理解，这也许是默认效应的大小会发生波动的原因之一。

## 二　行为信号的传递

Leong等（2020）特别关注人在社会意义建构的第二个阶段如何通过自己的选择来向他人发送特别的信号。他们认为，即使人们决定采取同样的行为，也可以通过选择具有不同默认设定的环境来改变他人对其行为意义的理解，即利用背景条件与行为的组合进行印象管理。

针对健康饮食、环保和经济决策等问题，Leong等（2020）进行了多个实验，均要求参与者在公开场合向他人展现自己的积极形象，考察他们会如何选择具有不同默认设定的环境，得出了比较一致的结果。首先，面对提供不同默认配菜（沙拉或炸薯条）的餐厅，当人们希望给同去的朋友留下健康饮食的印象时，会更倾向于选择那家默认提供炸薯条的餐厅，这样就可以主动地换掉默认选项、点沙拉，但独自一人时则更倾向于选择默认提供沙拉的餐厅。类似地，相比独自一人购物的情境，当人们打算和朋友一起购物并且会带上可重复使用的环保袋时，会更倾向于选择默认提供塑料袋而非不提供的商店。此外，在衡量利他精神的独裁者博弈中，当人们希望向旁观者显示自己值得信赖时，会更倾向于选择默认为自私分配而不是公平分配的方案设定，然后将收益平均分配，进一步地，对那些在默认为自私分配的设定下做出公平分配的人，旁观者也确实更愿意与之合作。反过来，如果人们希望减弱某种行为的消极意义，也可以通过主动选择相应的默认设定来实现，在上述研究中，当人们确实要使用塑料袋时，会更倾向于选择默认提供塑料袋的商店，这样可以淡化自己不注重环保的形象，同时，那些想要独吞所有收益的人更倾向于选择默认为自私分配的方案设定，然后把收益全部归自己所有，以减少给旁人留下的负面印象。

据此，Leong 等（2020）指出，在社会互动的场合下，人们能够预测自己在不同默认设定下的行为是如何被他人理解的，并能战略性地选择更有利于自身形象的默认设定：如果希望增强积极的行为信号，人们需要选择那种与自身偏好不一致的默认设定，然后主动做出改变以凸显自己的动机；相对地，如果希望减弱消极的行为信号，则可以选择与自身偏好相一致的默认设定。

上述结论可能出人意料，这为选择环境的设计提供了新的启示。例如，在慈善捐款领域，为了募得更多的善款，将默认捐赠金额设定得高还是低更好存在一定的争议，尽管低的默认金额可以降低捐赠的门槛，却可能减少捐款总额，而高的默认金额又可能产生反作用导致人们放弃捐款（Goswami & Urminsky, 2016）。相关的研究结果并不一致。例如，江程铭等（2019）的实验发现，在既定的几种金额中，将最高值（25元）设为默认捐赠金额能比最低值（5元）提高捐赠的平均金额和总额，同时，一分不捐的人数比例并未显著增加。但是，樊亚凤等（2019）的研究发现，网络公益平台将默认捐赠金额设定得高反而会显著地降低个人的捐赠意愿，其中被操控的感知起着中介作用。这提示我们，对公益捐赠等具有丰富社会含义的问题，选择环境的微妙差异可能会导致截然不同的后果，因此在设计默认选项时需要更多地考虑人们如何理解选项的意义、想传达怎样的行为信号。

鉴于利他行为的一个目的是"直接利他、间接利己"，即间接互惠（Rand & Nowak, 2013），一个值得考察的问题是关注社会声誉的人会如何选择不同的默认设定。例如，当人们可以自行选择捐赠的平台且捐赠金额公开可见时，可以推测，即使捐赠金额是一样的（如100元），更多的人也会选择默认捐赠金额较低（如 10 元）而不是较高（如 100 元）的平台，因为前者更能凸显其利他精神。但是，如果条件有限只能捐很少的钱（如 10 元），选择默认捐赠金额较高（如 100 元）的平台反而会对人的公众形象造成不利的影响。可见，正如前一节中所强调的，默认选项的设置没有绝对的、单一的标准，应视具体情况而定，如根据情境公开性、人群的特征、公益活动的目标等进行定制或调整。

  总而言之，以泰勒和桑斯坦（Thaler & Sunstein，2009/2018）为代表的助推倡导者将默认效应等现象视为人的认知偏差和非理性的表现，但越来越多的学者逐渐认识到各种效应背后有更深层的理由值得挖掘，诸如利用环境线索的推理、社会意义的建构乃至行为信号的传递等，这些认知过程不仅不是什么非理性，反而显示了人在不确定条件下是如何适应环境变化的。生态理性的倡导者吉仁泽（Gigerenzer，2010）更是强调要从人的认知机制与环境的互动中去理解默认启发式在不同环境下引发的行为不一致性。这些不同的观点值得引起更多的关注，采用更积极的取向来研究与默认选项有关的现象或许能给现实应用带来更有价值的启示。

# 第八章　算法决策与人机协作

面对不确定的世界，有些人可能对人类的简捷策略和适应能力缺乏信心，以为信息越多、计算越复杂就越能有效地预测。早在20世纪50年代，心理学界就开始了关于专家的直觉与统计模型孰优孰劣的争论，如今，随着人工智能技术的飞速发展，自动化的算法越来越多地应用于大众生活的方方面面，人与智能机器的互动也越来越常见，人类的决策是否会被算法超越的争议再度兴起，学者对人工智能是造福人类还是构成巨大的威胁各执己见。这就要求仔细审视算法决策的准确性并揭示其可能出现的错误乃至伦理上的风险。同时，如果希望促进人类利用算法更好地应对不确定性，还需要关注哪些心理因素会影响人对智能机器的信任与合作。

## 第一节　算法决策的准确性

根据 Mahmud 等（2022）的总结，算法（algorithm）泛指不需要人的参与即可独立决策的自动化过程，利用的是数据、统计方法及运算资源等，以前算法主要基于对大量数据的统计分析（如回归法），如今在人工智能（Artificial Intelligence，AI）的驱动下，算法变得更加强大，AI系统能够从数据中识别模式、解释、做出推断甚至进行自主学习，以实现组织和社会的预设目标。据此，可以将利用算法进行决策的机器称为智能机器。算法决策（algorithmic decision making）是一个统称，也可以被称为决策辅助、计算机助手、专家系统、决策支持系统、诊断辅助等（Burton, et al., 2020）。尽管各种自动化系统表现得似乎越来越智能，但还是需要通过实证研究来合理地评价其表现，不能言过其实、过分营销。

## 一　算法决策与人类决策的比较

在计算机出现之前，人类其实已经在利用算法来辅助决策了。正如 Dietvorst 等（2015）所言，从广义上讲，算法包括任何基于一定的证据或规则得出结论的过程，也就是说，除了通常认为的计算机程序以外，无论是简单的计算公式还是复杂的数学或统计模型，以及各种决策规则、心理测量的计分方式等都可以视为算法。

精神病学家 Meehl（1954）很早就得出了一个令世人震惊的发现，即很多情境下专家的判断不如依据线性统计模型做出的预测那么准确，开启了人类决策与算法决策孰优孰劣的争论。后来，Dawes（1979）基于临床诊断、预测研究生的成绩以及后续表现等多种数据，比较了线性模型与专家的预测成效，结果同样显示，即使是简单的累加模型也比专家更加出色，它不是复杂的多元线性回归，无须计算每个预测变量的权重系数，只要把这些变量的值累加在一起即可，相当于权重均等于1，可称为单元加权模型。不仅如此，之前学者通常认为，回归方程中各个系数的值计算得越精确越好，但根据 Dawes 的研究，哪怕是随机指派的系数值，只要方向（系数的+、-）没有反掉，这些线性模型的拟合效果就不会逊色于最优化的多元回归模型。这篇文章同样引起了很大的轰动，尽管其主要目的在于揭示人类专家在整合数据方面比不上统计模型，却仍然显示，算法并不是越复杂越好。

实际上，根据 Meehl（1954）的看法，简单的累加模型甚至还可以更加简化，不必巨细无遗，只要抓住少数重要变量即可，预测成效将比多元回归模型更好。这种"抓大放小"的观点也得到了吉仁泽和戈德斯坦（Gigerenzer & Goldstein, 1996）的响应，他们提出了仅搜索少数几条效度最高的线索即可做出推论的"采纳最佳启发式"策略，并且提倡交叉验证的方法，即不能只是拟合数据，而是要用训练样本得出的模型去预测新的样本。进一步地，Czerlinski 等（1999）选取了多达20种现实问题情境，对采纳最佳启发式、单元加权模型及多元回归模型等在新样本中的预测成绩进行了比较，结果十分出人意料，仅利用少数几条线索的启发式超过了需要整合所有线索的线性模型，无论后者是单元加权还是最优化加权。这样的比赛结果又是偏向人类决策的，因为启发式适合于人类的认知加工能力，经验丰富的专家又比一般人更了解哪些线索才是最关键的，哪些线索是不必考虑的无关"噪声"，也就能够快速有效地做出决断，尤其是在推广至新环境时更加稳健。相比之下，多元回归模型需要复杂的运算，容易对训练样本的数据产生过度匹配，以至于在推广到新的样本时会产生更大的误差。由此可见，如果一定要分出不同方法的高下，应注重考察预测未来的成效，而不是拟合已有结果的程度。

那么，基于海量数据的算法在预测成效上是否就能超过人类所利用的快速节俭启发式呢？Katsikopoulos 等（2022）做过一个有代表性的研究，针对大众所关注的流感预报问题，比较了谷歌公司开发的流感趋势模型（Google Flu Trends, GFT）与近因启发式的预测表现。GFT 模型假定与感冒有关的查询增多可能预示着流感的暴发，在最初的模型中纳入了相关程度最高的 45 个关键词，在 2003~2007 年的数据中进行了训练，还在 2007~2008 年的数据中进行了测试。然而，如此庞杂的模型未能预测 2009 年夏天猪流感的暴发，于是，工程师先后于 2011 年、2013 年两次对该模型进行了修正，关键词增至 160 个以上，结果又经常高估那段时间美国的流感发病率，在经历了 2014 年第三次修订后，最终谷歌于 2015 年下线了流感预测功能。相比之下，近因启发式来自心理学的研究成果，符合人的认知加工特点，决策规则简单、明了，只需采用美国疾病控制中心发布的上一周的流感病患在就诊者中占多大比例去预测下一周的比例即可。基于 2007 年 3 月至 2015 年 8 月美国 10 个地区流感就诊比例的真实数据，Katsikopoulos 等（2022）对 GFT 模型和近因启发式的预测表现进行了比较，结果发现，后者表现更加出色，平均错误率比前者减少了将近一半。究其原因，Katsikopoulos 等认为，GFT 模型对历史数据产生了过度匹配，而流感的发病不一定总是遵循相似的季节规律或表现出跟过去完全一样的症状，并且有些搜索关键词与发病率之间只是伪相关，此外，用户的行为也是复杂多样的，可能自己并没有感冒也会出于好奇而在网上搜索相关的症状，近因启发式则没有这些问题，它只利用最近的数据，更能及时反映环境的变化，错误率的波动也没那么大。更重要的是，近因启发式的规则非常透明，完全可以被人掌握、理解，而基于大数据分析的模型就像是黑箱，既不清楚它为什么有效，出错时也无从下手改进。

除了预测问题，Katsikopoulos 等（2020：107）还在分类问题中对快速节俭的决策树与机器学习常用的分类算法进行了比较，前者只需对一系列的提问进行是或否的回答即可做出快速的归类，这些问题相当于决策的线索，按优先级先后排列，该方法在医疗领域早有应用（如区分心脏病发作的严重性），后被推广至商业或法律等领域（如区分哪些银行有很大的经营风险，哪些罪犯可以获得保释）。研究的结果显示，在多达64种分类任务中，快速节俭决策树的准确性并不亚于复杂的算法，在那些难度更高的任务中，前者的表现甚至更好。据此，Katsikopoulos等（2022：3）提出，算法更适合应用于界定清晰的问题（如棋类竞赛）或稳定的情境（如人脸识别），而在充满了不确定性和变化的领域，快速节俭启发式反而更加有效，这就是不稳定世界原则。

进一步地，Katsikopoulos和Canellas（2022）探讨了人类所使用的简捷策略可以为算法决策带来怎样的启示。他们指出，有些技术人士过于相信大数据分析而看不起理论，以为构建出算法就可以预测人的偏好、辅助其决策，并且数据越多效果越好，但实际上缺少理论支撑的算法并不能清楚明白地解释人的行为或决策过程，不少研究也显示，在预测竞选胜出者、重复犯罪风险以及假释判决等现实情境下，复杂算法的成效比不上基于心理过程的简捷策略。因此，有关心理和行为的理论不是无关紧要的，它们可以为模型的构建、训练乃至改进提供有益的参考，同时可将简捷策略作为比较的基准，以评估算法的透明性和准确性，这二者并非不可兼得的。算法的透明性是亟须引起研发人员重视的问题，如果不能向有关各方解释清楚决策的过程，将面临很大的伦理风险，更有甚者，算法犯错时也无法进行检查、纠正，当然有关机构也很难进行监管（Martin，2019）。进一步地，吉仁泽（Gigerenzer，2023b）还提出了"心理学AI"（psychological AI）的取向，即借鉴人类应对不确定性时所采用的快速节俭启发式来设计算法，这最早可追溯到研究人工智能的先驱西蒙及其同事（Simon & Newell，1958）所提倡的启发式搜索，不过，当时西蒙等人没有区分稳定的与不稳定的问题情境，以至于在棋类比赛这样的领域心理学AI最终难以深入进行下去。吉仁泽指出，对不能良好地界定、充满变化的现实问题，心理学AI反而更加适用。根据Şimşek（2013）的研究，在机器学习的数据集中普遍呈现线索的权重快速递减（不可代偿）或存在占优线索的情况下，这与采纳最佳启发式所适用的情境非常近似，此时设计出那种抓住少量关键线索即可做出决策的算法就可以实现不亚于复杂模型的预测成效，并且这样的算法还具有可解释、透明性高的优点。

无论如何，算法在现实生活中的应用越来越广泛，可以被视为一个从少到多的连续体，一端是算法增强决策，另一端则是算法完全自动地决策（Martin，2019）。正如 Burton 等（2020）所言，人与算法成功的协作意味着能够区分何时应该、何时不该参考算法的建议，走任何一个极端、完全依赖或排斥算法都可以说是失败的互动。

## 二　算法决策错误

人们可能会对算法抱有不切实际的预期，以为它们是纯粹客观的且有强大运算能力因而不会犯错，但实际上任何决策主体都有可能犯错，算法也不例外。根据 Martin（2019）的梳理，算法决策错误大致可分成两种：一种是分类任务的结果有误，另一种是决策的过程有误（无论结果如何），这些问题可能广泛存在于生产销售、广告推送、招聘选拔、医疗保健、公共服务、法律等诸多领域，因此，如何识别、评估并纠正错误就显得十分重要。

具体而言，在进行对象的分类时，算法可能产生两类不同的错误，即虚报与漏报。虚报又称为Ⅰ类错误或假阳性，相当于把不应归入某个类别的对象标记为属于该类别，例如，把正常人标记为患病者。漏报又称为Ⅱ类错误或假阴性，相当于把应当归入某个类别的对象标记为不属于该类别，例如，把患病者标记为正常人。这两类错误的发生概率不一定是对称的，在一些情况下某类错误可能更常见，其后果也是不一样的，对此人们会产生不同的反应。例如，Angwin 等（2016）发现，某公司研发的判决算法对黑人重复犯罪风险的虚报率达38%，高于白人的18%，而对白人的漏报率达63%，高于黑人的38%，这些差距引发了对司法领域使用算法的争议。Martin（2019）也指出，人们对虚报与漏报的态度不是稳定不变的，在评估算法错误的严重性时要注意立场的差异或情境的变化，例如，法庭更倾向于不要冤枉无辜人士，而民众更担心漏掉犯罪分子，用人单位在招聘流程的初期更倾向于不要漏掉合格的人才，到了后期却会力求避免招进不合格的人。

相比算法实际出错的概率，人们的预期可能有所不同，能够容忍算法犯错的限度又是另外一种标准，其间的差距值得关注。Rebitschek 等（2021）做过一个大规模的调查，有三千多名德国民众评估了算法和人类专家在多个不同领域的决策错误，结果显示，民众估计算法的错误率为 20%～30%，接近对人类专家的估计值，但能够接受的错误率上限仅为 5%～7%，显然，估计值与可接受值之间存在明显的差距。同时，在借贷信用评分和假释判决问题上，与真实的准确性相比，不少民众低估了算法的错误率，受教育水平较高者更有可能低估算法决策的错误率，而社会经济地位较低者更有可能高估算法决策的错误率。另外，在不同领域，不同的人对两类算法错误的容忍程度也有差别：对招聘问题，近十年内有过失业经历的人更能接受虚报（不合格的人被录用），年长者更不能接受漏报（合格的人被拒绝）；对健康问题，年长者更不能接受虚报（身体有问题却被认为是健康的）；对信用评分问题，收入高的人和年长者更不能接受虚报（有还款能力却未获得通过），同时，收入高的人也更不能接受漏报（没有还款能力却获得通过）；对假释判决问题，收入高的人和女性更不能接受漏报（重复犯罪风险高的人获得假释），收入低的人和年长者更不能接受虚报（重复犯罪风险低的人未获得假释）。上述结果提示，人们对算法的要求还是相当高的，现有的系统实际上达不到这么高的预期，这可能阻碍算法的推广应用。可见，在尽力提升算法决策准确性的同时，还应披露相关信息、如实宣传，这有助于人们形成合理的预期。

另一种值得关注的错误与算法决策的过程有关，主要表现为依据的标准有问题，或利用的数据有偏向（Martin，2019）。由于 AI 能够自主地从数据中进行学习，有可能会形成有偏见的算法，如果决策不是基于公平程序做出的，就容易让特定人群蒙受不合理的后果。例如，招聘算法会根据求职者的性别或族裔进行筛选，推荐算法会针对特定人群推送某些广告或专门屏蔽某些人群等。如果决策过程中的错误得不到及时的纠正，将会产生更多有偏向的数据，进一步强化算法所习得的有偏见的模式，形成恶性循环。

由上可见，算法决策并不意味着能得到完全正确的标准答案，设置纠错的机制很有必要。对此，Martin（2019）提出了以下建议。首先，人们需要反思，是否有其他的答案，能否通过改变决策过程而得出不同的结果，以及在过去或其他地方是否采取过不一样的做法。其次，研发者和受影响者都可以对算法决策的结果提出疑问、挑战，这与监督人类决策的方式不应有太大的差别。进一步地，今后研发者在设计算法时就应提前考虑人和智能系统各自应为决策错误承担多大的责任，一般而言，那些具有重大社会影响的决策还是适合由人来做最后的决定，不宜完全交给自动化的系统，例如，医生可以参考算法的建议，但最终的诊断仍然取决于医生。同时，既然算法错误会直接影响个人和社会的利益，负责研发的人员和组织就不能不关注技术以外的过程公正与伦理规范问题，也有责任在设计算法时尽力做到透明、可理解并提供纠错的条件，不能刻意做得晦涩难懂或者推脱说技术过于复杂来逃避外部监管，否则，一旦算法出错研发者将不得不承担所有的后果。

## 三 算法厌恶及其成因

尽管人类和算法都会犯错，受到的对待却是不一样的。Dietvorst 等（2015）发现，当人们看到算法出错时就再也不愿使用它，即使其表现优于人们自身，于是研究者将这种现象称为算法厌恶（algorithm aversion）。也就是说，人犯错是可以被原谅、接受的，算法犯错却会让人的态度发生较大的转变。自从算法厌恶的概念被提出以来，引发了不少的关注和研究，Mahmud 等（2022）总结认为，相比自己或他人的决策，人们可能有意识地忽视算法的提议，也可能无意识地抗拒使用算法，Jussupow 等（2020）则用算法厌恶来泛指人对算法持有的消极的、有偏见的行为和态度。不过，Logg 等（2019）得出了相反的结论，认为人们对算法的态度是积极的、接纳的，并称之为算法欣赏（algorithm appreciation）。

进一步地，不少研究考察了算法厌恶的原因。例如，Longoni 等（2019）针对医疗保健问题的研究发现，人们之所以会抗拒智能系统的服务，不是因为他们认为人类医生的水平更高，而是担心智能系统不像医生那样能考虑个体的独特性（背景情况、症状表现等），即只是依据标准化、一般化的规则来处理，那些自认为非常特别的人尤其看重个性化的服务。当研究者提供新的信息改变了人们的这种认知之后，或者让智能系统作为人类医生的辅助而不是替代时，人们对智能系统的抗拒会明显减少。研究者还认为，在医疗以外的其他领域，只要人们很看重个人的独特性，就有可能因为这方面的顾虑而抗拒使用算法。

Burton 等（2020）特别关注人与智能机器协作过程中的算法厌恶，根据他们的总结，人机互动时出现各种问题都有可能影响人对算法的态度，需要有针对性地加以改进。第一，人们先前对算法可能有不合理的预期，或者缺乏使用算法的经验。对此，可以通过宣传教育来提升人的算法认知能力，让他们合理地认识决策的错误率，例如，假设人们先前决策的准确性只有 40%、错误率高达 60%，在采用算法辅助后，决策的准确性提升至 80%、错误率降至 20%，那就说明算法是很有效果的，也就是说，平时不能只介绍决策的准确性而省略错误率，否则容易让人形成片面的认知。第二，人们可能担心决策的自主权被削弱，缺少控制力。实际上，Dietvorst 等（2018）的研究显示，当给人们机会对算法的预测做出修正时，即使十分有限，算法厌恶的程度也会明显下降，可见人们很在乎决策的控制权。对此，可以在设计系统时增加人机的互动，让人感到能够参与决策的过程（human-in-the-loop），如监控决策的步骤、输入信息或保有最终的决定权等，当然，这可能会多花一些时间。第三，人们可能缺少激励去努力整合算法的建议。对此，可以采取经济上的奖励，不过，是否真有成效现有研究尚未得到一致的结论。另外，也可以利用社会规范来促进算法的使用，当人们听说其他人会采用算法辅助时会减少抵触或不信任感（Alexander et al.，2018）。第四，人的直觉与算法决策的过程可能缺乏兼容性。目前对人类所利用的启发式的加工过程还在探索之中，有些人还将启发式视为偏差的来源，而算法又像是黑箱，当人与算法的意见相左时，如何将二者相整合以达成更合理的决策尚无定论。对此，需要首先厘清各自决策的规则与过程，前述的快速节俭决策树（Katsikopoulos et al.，2020）在这方面就开了很好的先例，至于复杂的算法，也应尽可能地提升其透明性和可理解性。第五，人们对什么样的决策才是理性的仍然存在争议，现有的算法大多遵循传统的理性观，将人的直觉视为非理性的，强调最优化却无法实现，这可能也是人们不愿使用算法的一大原因，实际上，在人类决策领域已经兴起了生态理性观（Todd et al.，2012），关注不确定情境下如何利用有限信息做出适应性的决策。据此，算法决策领域也应拓展对理性的看法，相信模型并不是越复杂越好，进而转变设计思路，更关注算法与环境条件之间的适配性，也就是说，致力于发掘特定的算法所适合应用的环境条件，评判的标准也不再是一致性或连贯性之类的抽象准则，而是生态效度,这样才能为人们提供更实用的决策辅助。

在 Burton 等（2020）看来,上述五个方面的原因交织在一起影响着人们对算法决策的态度,在设计改进措施时需要注意其中的关联,可以说最关键的还是要提升算法的透明性和可理解性,如果人们能够明白算法决策的原理或过程,对算法的信任和感知的控制力可能都会增强,也就更有内在的动力去使用算法。

尽管算法厌恶成为一种广受关注的现象,Logg 等（2019）却提出了与之相反的证据。他们认为,从建议采纳的角度去观察,人有自我中心的倾向,容易过分相信自己的判断而不愿采纳他人的建议,也就是说,只要是来自外界的建议,在以自我为中心的人这里就会打折扣,算法不一定会比其他人更受轻视。他们的研究也表明,在估计身高、预测歌曲排名或个人吸引力等不同的问题上,人们都更愿意采纳算法而不是参与研究的其他人的建议,即不存在所谓的算法厌恶现象,反而表现出算法欣赏。不过,Logg 等也承认,建议者的专业性对人们采纳建议的程度有影响,在其研究中与算法相比较的只是普通的参与对象,在这种情况下,人们确实更偏向算法,但如果比较对象换成是特定领域的专家,有可能人们的态度会发生变化。可见,人们对待算法究竟是积极的还是消极的态度与具体情境密切相关,不能一概而论。

## 四 任务的客观性与不确定性

人们对算法的接受度其实还表现出领域特殊性,在不同的现实情境下,人们愿意利用算法的程度有所不同,例如,人们经常使用地图导航,却不太愿意让机器来为自己看病、面试或做投资理财咨询,这可能与不同决策任务的特征有关。

Castelo 等（2019）提出,人们倾向于认为算法更适用于客观的任务（可量化、可测量、基于规则做推断）,而不太适用于主观的任务（解释多样化、基于个人观点或直觉）,不过,所谓客观性其实是人对任务的感知,也就可以通过营销宣传加以塑造或改变。研究者在线下和线上都进行了实验,结果表明,总体而言,感知的任务客观性与对算法的信任呈现正相关。具体地,天气预报、地图导航、数据分析、预测股价走势等任务被评价为客观性较高,相应地,在这些领域人们更信任算法决策。推荐婚恋对象、音乐、影视剧或笑话以及新闻撰写、作曲等任务被评价为主观性较高，相应地，在这些领域人们更信赖人类专家。研究者还尝试提供新的信息来改变人对任务属性或算法与人类相似性的认知，结果发现，当人们得知利用客观数据和量化分析有利于推荐婚恋对象或电影等以往认为主观性较高的任务时，或者当人们看到实际案例显示算法可以胜任绘画、作曲等富有感情色彩的任务时，他们对算法的信任或使用意愿有明显提升。值得注意的是，在上述研究中，尽管诊断治疗、驾驶各种交通工具、人员招聘、预测员工或学生的表现、预测重复犯罪的风险等任务被评价为客观性较高或中等，在这些领域人们仍然更信任人类专家，由此可见，任务的客观性不一定是决定使用算法与否最关键的因素，可能还有其他更本质的特征。

根据 Dietvorst 和 Bharti（2020）的看法，人们是否愿意使用算法与任务的不确定性有关，在十分确定的领域，人们往往愿意采用算法得出稳定、精确的结果，但在不确定、难以预测的领域，人们更倾向于信赖人类而不是算法。这是因为，在不确定条件下，人类与算法在做预测时都不可避免地会犯错，但变差有所不同，一般而言，算法的预测比较稳定、变差较小，人类的预测变差较大，可能做出很不准确的预测，但也可能做出近乎完美的预测，关键的是，随着预测变差的加大，人对错误的敏感性往往是在边际递减的，这使得人们更愿意冒险，也就更偏好那些有可能做出近乎完美预测的决策主体。Dietvorst 和 Bharti 进行的实验证明，对不确定性越大的问题，人们越是愿意自己做预测而不采用算法，即使他们承认算法的平均表现更好，不过，当研究者将算法预测的变差调整得较大时，人们变得更愿意采用算法。

## 五 对算法的信任变化

如前所述，人们使用算法的意愿往往取决于他们是否相信算法能够胜任特定的任务，于是，有不少学者从信任的角度去考察影响算法使用的各种因素。根据 Cabiddu 等（2022）的回顾，传统上人际信任指的是个体对他人的意图或行为有着积极的预期，也就不担心暴露自己的薄弱之处，在此基础上发展出了有关人对算法的信任的观点，除了关注类似于人的特点，还提出了一些针对系统的新要求。实际上，对基于 AI 的智能系统而言，由于 AI 能从数据中自主学习，其内部决策过程变得越来越复杂、难以解释，相比常规的自动化系统，可能更不容易获得人的信任。不仅如此，Cabiddu 等还指出，以往研究大多只注意到人对算法一开始是否信任，其实在使用过程中这种信任是会发生变化的，因此，有必要关注人对算法的信任如何随着时间进程而改变。

通过回顾近 20 年的文献，Cabiddu 等（2022）发现，影响人对算法的初始信任的因素主要包括人接受新技术的倾向，智能系统是否表现出类似于人的诚实、友善和能干，系统是否降低了人的控制性以及人对算法有用性的感知等，其中，诚实又涉及公平性、透明性及可追责性等方面。进一步地，在使用算法的过程中，还会出现另外一些影响因素，主要包括来自他人的社会影响、人对智能系统的熟悉性、人对系统有用性的体验、系统的表现水准以及是否出现偏见或错误等，其中，系统的表现又反映在可靠性、是否达到预期、是否有助于人实现目标等方面。

由上可见，影响人对算法的信任的因素有很多，值得深入考察，如果希望增强人对算法的信任感与使用意愿，除了不断改进算法的成效之外，还要重视人的体验、认知及外部环境的作用。正如 Cabiddu 等所言，即使算法难免出错，如果能让人们更多地理解背后的原因，也不一定会降低人的信任感。

## 六 算法决策错误引发的反应

为了解决算法厌恶的问题，研究者不仅关注其成因，还开始考察算法真的出错时人们会有哪些反应、是否与人类犯错时有所不同，这可以为研发和监管工作提供有益的参考。

Renier 等（2021）设计了人员招聘和贷款审批两种模拟情境，以考察人们在看到算法犯错时会产生哪些情绪、认知及行为上的反应，他们借鉴的是 O'Reilly 和 Aquino（2011）所提出的第三方对过错的反应模型（the Third-party Reactions to Mistreatment Model），该模型原本用于组织公平研究领域，描述了个体作为旁观者见到当事人遭到错误对待后的各种反应：最快产生的是负面情绪，然后在认知上对公平性进行评判，最后在行动上考虑是否要有所作为。Renier 等的研究结果显示，与人类专家犯错相比，面对算法犯错时，人们会产生更严厉的情绪反应（更不能接受、更为气愤），也更愿意采取行动（加以改进或中止使用）而不是无所作为，但不太关注公平性（更少指责、谅解、追究责任）。研究者认为，这可能是因为，就公平认知而言，人们并不把算法视为跟人类一样有目的性的主体，自然不会从道德伦理上去苛求；就是否采取行动而言，人们对算法的表现水平比对人类有更高的期望，也就更愿意加以改进，或者因为没有达到期望就干脆停止使用。可见，在情绪、认知及行为等方面人们对算法与人类犯错的反应是有所区别的，并非全部升高。此外，上述研究只是从旁观者的角度考察了人们的反应，实际上，考察其本人受到算法错误影响时是否会有更强烈的反应也是很有必要的。

总而言之，随着算法的应用日益广泛，对其准确性的评估也将持续进行下去，正如生态理性观（Todd et al., 2012）所强调的，应注重决策策略与环境之间的匹配，重要的是界定算法适用的领域并充分发挥其成效，同时也要努力发现潜在的问题并及时改进，这样才会形成合理的预期，真正有利于大众信任、接受算法。受飞速发展的 AI 技术驱动的算法与人类的生活将越来越密不可分，智能机器可能会成为人们日常互动的对象，这又会引发许多值得探究的新问题。

## 第二节　人与智能机器的合作

随着现实生活中人与智能机器的互动日益增多，人们经常面临是否要对机器加以配合的选择，例如，是否接受与机器人客服沟通或者为要变道的自动驾驶汽车让行。于是，在人与人的合作之外，人与智能机器之间的信任与合作问题日益受到重视。随着技术的发展，智能机器在外显形式上可以做到高度拟人化，但能否受到像人类一样的平等对待成为研究者关注的主题。不仅如此，由于人还会基于先前有关对手内在品质的认知来指导自己的选择，人对智能机器可能形成怎样的感知、会产生什么影响同样值得深入探究。

### 一　人机博弈时的合作性

在与其他主体的社会互动中，人不得不克制自私自利的动机，例如，与他人合作以实现共赢，在分享利益时要注重公平，以免遭到他人的报复,广义上讲,这些都体现了人的合作性(Terada & Takeuchi, 2017)。人的合作行为及其演化机制是生物学、经济学及心理学等多个学科共同关注的主题,如今又兴起了关于人与智能机器合作的研究。

研究合作行为常用的是博弈任务,个人的回报大小同时取决于自己和对方的选择,这些任务是对现实情境的简化,本质上反映了社会两难的处境(陈欣、叶浩生,2007)。例如,在"囚徒困境"博弈中,双方同时做出选择,且事先不知道对手会怎么选,当一方选择合作时,另一方选择背叛将比同样选择合作获得更大的回报,双方均选择背叛将各自获得最小的回报。"信任博弈"则有所不同,双方先后做出选择,当一方已经选择合作时,后选的一方选择背叛将比选择合作获得更大的回报。显然,在对方的选择不确定的情况下,个人如果选择合作不仅意味着要在自身利益上做出一定的让步,还要冒着被对方欺骗、背叛的风险。另外一种常见任务是"最后通牒博弈",可反映人是否有利他之心,如果过于自私可能会遭到他人的报复,其具体规则为:面对一笔可能的收益,一方有权指定分配的比例,另一方如果接受则按前者的提议进行分配,如果感到不公平可有权拒绝,这样双方均一无所获。在长期的研究中,这些博弈任务出现了不同的变种,可以只做一次选择也可以重复多次。

目前有关人-机博弈的研究基本上采用的是改编自人-人博弈的任务,对人们与人类和智能机器对手之间的合作水平进行了大量的比较,同时,对影响人机合作的因素也进行了一些探讨。首先,不少研究显示,人与智能机器博弈时的合作性要低于与人类博弈时,人们会更多地选择背叛或提出不公平的分配(de Melo et al., 2016; Sandoval et al., 2016)。其次,Ishowo-Oloko 等(2019)对博弈对手的真实身份进行了伪装,结果发现,当人们以为对手是真人(其实是机器人)时,合作性不会降低,但以为对手是机器人(其实是真人)时则更多地选择了背叛。据此,研究者指出,尽管透明性法则要求在人与机器互动之前就应如实告知,但这样可能导致效率下降,在实际应用时需要做好透明性与有效性的权衡。更有甚者,Karpus 等(2021)发现,人们更多地背叛机器并不是因为缺少信任、不指望它会合作,相反,人们预期机器与人类的合作水平差不多,会利用其友善为自己谋取最大收益,研究者将此称为算法剥削(algorithm exploitation)现象。这样的做法可以说是在算法厌恶之外又进了一步,值得重视。

究其原因，可能在于人有一种区别对待群体内、外成员的偏向，更愿意与群体内成员合作（Rand & Nowak，2013），也就是说，人并不把智能机器视为与人类同等的社会主体。有研究发现，在与人类对手玩游戏时，人脑的特定区域会被激活，但在与智能机器互动时不会出现这样的状态（Chaminade et al.，2012）。在最后通牒博弈中，人们更多地接受智能机器而不是人类提出的不公平分配方案，与负面情绪反应有关的脑区也显示出更少的激活（Sanfey et al.，2003）。另外，根据丁毅等（2015）的回顾，内疚是驱动合作的一种主要的情绪，人有一种内疚厌恶的倾向，为了规避内疚感，个人宁愿做出不那么自私的选择。de Melo等（2016）确实发现，人对智能机器不会像对真人那样感到内疚，以至于更多地选择背叛或做出不公平的分配。

不仅如此，在复杂的博弈任务中，缺乏相互沟通可能导致双方无法达成精诚合作，因为无法明确对方的意图或得到承诺，尤其是在双方存在较大分歧的情况下，不沟通容易造成误判。Whiting等（2021）的研究表明，在需要兼顾回报、风险及公平性的复杂情境下，通过表情符号、言语应答增加机器与人的交流能成功促成双方进行高效的合作，但是，当不允许双方有任何交流时，人与机器就会陷入争斗不休的状态，回报均降至很低，因为各方可能追求的是不同的目标：人注重的是公平并且希望减少被欺负的风险，而机器不考虑这样的目标，只计算如何获得高回报。相比之下，两台机器之间在缺乏沟通时也能实现高效的合作，而两个人的组合可以达成另外一种居中的状态，即能进行有限的合作，同时又是比较安全、公平的。据此，研究者建议，在智能机器的设计模型中需要纳入效用最大化以外的因素，即作为合作另一方的人类会有哪些不同的关切。

综上可见，如果希望促进人与智能机器之间的合作，一方面，可以想办法提升人对智能机器类人性的感知；另一方面，可以通过各种可行的方式加强信息沟通。在一些现实情境下，人与智能机器可能没有时间或条件相互交流，就只能通过外部线索去进行推测。

## 二 拟人化外表的作用

根据Castelo等（2019）的说法，智能机器与人类的相似性大致体现在认知和情感两方面：拥有认知能力意味着机器也能胜任以往只有人类才能完成的任务，这原来是将人与动物区分开来的特征，体现了人的独特性；而情感原来是人与动物共有但机械物体没有的特性，体现了人的本性，不过，如今智能机器也在努力赶上人类，争取能识别和表达情感。为了提升人对智能机器类人性的感知，一种常见的做法是从外表上去模仿人类，尤其是可以通过面部表情去提升其情感方面的类人性。有关人-人博弈的研究早就发现，表情这条外显的线索具有重要的社会功能，可以提示人的心理状态或目的（de Melo et al.，2014）。

研究显示，在最后通牒博弈中，即使只用寥寥数笔勾勒的面部表情也能有效促进人对智能机器做出更公平的分配，高兴、伤心与中性这三种表情的差别仅仅体现为嘴部那根线条是向上、向下还是水平方向（Terada & Takeuchi，2017）。Whiting 等（2021）也是在电脑屏幕上呈现简单的表情符号来表达机器对人类对手的选择有何即时的情绪反应，如高兴、伤心、愤怒或惊讶等。随着动画技术的发展，如今已经可以做到让虚拟面孔呈现逼真的动态表情。de Melo 等（2010）发现，通过增加面部的皱纹、脸色变红、汗珠或泪水等细节，能更有效地让人识别智能机器人的多种表情，如惊讶、悲伤、愤怒、羞愧以及恐惧等；不仅如此，在面部表情之外，通过动态呈现呼吸的不同模式，还能让人更有效地区分兴奋、痛苦、释然、厌烦、愤怒、惊慌、恐惧、厌恶、惊吓等各种情绪。即使没有精细的面部表情也不要紧，Takahashi 等（2021）提出了多模态的情感表达方式，让实体的小机器人可以通过肢体动作、眼睛灯光的色彩变化及语音应答的结合来表现情绪反应，其研究结果表明，这样生动的方式同样可以有效地促进人与机器的合作。

de Melo 等（2014）还考察了表情对合作行为的作用机制，结果发现表情不是单独起作用的，人们还需要结合具体的情境去推测对手的意图进而指导自己的选择。例如，如果选择合作的人看到对方也选择了合作且露出高兴的表情，往往会推测对方是友善的，在后续的博弈中也就更倾向于与之合作；但是，如果此时对方选择了背叛且露出高兴的表情，人们往往会推测对方是争强好胜的，在后续的博弈中就不倾向于合作。也就是说，表情是通过认知评价起作用的，人们会从对手的表情去推测其对博弈结果的评价（是否满意、责任归谁），进而推断其意图，这属于一种反向的评价。在此基础上，de Melo 等（2015）比较了人们对具有同样虚拟表情的机器人和人类对手的合作性，结果发现：在重复的"囚徒困境"博弈情境下，相比竞争性的表情（背叛合作者后表示高兴、选择合作却遭到背叛后表示愤怒），合作性的表情（对相互合作表示高兴、背叛合作者后表示遗憾）能提升人对机器人对手的合作性（尽管不够显著），不过，表情的这种作用在人们以为对手是人类时是显著的；而在模拟的商业谈判中，相比中性的表情，人们对表情愤怒的机器人对手会做出更多的妥协（尽管仍不显著），不过，表情的这种作用在人类对手身上是显著的。上述结果提示，有必要根据具体的应用场景对智能机器的外表进行相应的设计甚至变换，不能想当然地以为单一的微笑表情总是有效或适用于各种场合的。

进一步地，de Melo 和 Terada（2020）在人-人博弈的研究中又发现，表情在博弈策略与合作行为之间具有调节作用：当对手采用剥削式策略时，即使呈现友好的表情，也不会提升人的合作性，人们还会认为这种表情很虚伪；但是，当对手采用的是宽容策略时，友好的表情将有效提升人的合作性。这再次提示，对智能机器人而言，表情的作用可能同样是有限的，如果不能真正提升人类的福祉，只是将外表设计得友好并不会得到人的配合，甚至还会让人更加反感。

另外，MacDorman等（2009）还提醒，智能机器外表的拟人化太过逼真可能让人感觉不舒服、诡异，就像前人认为玩偶、人体模型、假肢等会引发"恐怖谷"（uncanny valley）现象一样，随着机器越来越像真人但仍然显示出一些缺陷，人们的情绪反应会陡然下降，形成深深的山谷那样的走势。他们还从神经机制、与进化适应性有关的美感、威胁回避、人类的独特性等角度分析了可能的原因，并且通过实验考察了虚拟人像的面部比例、皮肤的颜色和肌理、细节的精细度等特征变化会如何影响人的感知，但结果不完全支持"恐怖谷"假说，诡异程度并未随着相似性提高而提高，并且二者的关系还取决于面部比例是否协调（如眼睛的大小与间距、脸的长度等），例如，当眼睛增大 50% 时，皮肤显得越逼真才越会令人感到诡异。实际上，Castelo等（2019）的研究也未发现智能机器在情绪方面的类人感会导致明显的负面效应，不过，他们没有采用外显的形象，只是通过告知人们算法能从事具有情感色彩的任务来提升其类人感，尽管这的确让人感到有些不舒服，却显著提升了人们对算法完成主观性任务的有效性感知和使用意愿。也就是说，起主要作用的是算法的有效性，并未被不适感所抵消。Cabiddu 等（2022）推测，拟人化程度引起的积极感受可能不是线性变化的，而是倒 U 形的曲线，起初呈现增长的趋势，超过一定的限度后却会掉头向下。无论如何，在对智能机器进行拟人化的设计时还是需要视具体应用场景而定并且注意整体上的协调性。

### 三 信任与合作预期

人们是否选择合作不仅取决于对自身回报的考虑，还取决于对他人信任与否，具体表现为是否预期他人会合作，这又是通过一些社会线索加以推测的，包括面孔可信任性、交流接触或感知到的道德品质等（丁毅等，2015）。有关人-人博弈的研究证实，合作预期在对手的面部表情与合作行为之间起着中介作用（熊承清等，2021）。此外，早前的研究显示，人们对他人的信任还会受其道德品质方面信息的影响（Delgado et al.，2005）。这些结果对研发智能机器有一定的启示，也就是说，既要注重外表的设计，也不能忽视人们对机器在道德取向上的评价，否则，表面看上去再怎么友善也不会唤起真正的信任或高的合作预期。

需要注意的是，根据 Karpus 等（2021）的看法，尽管缺乏信任会阻碍合作，但有了信任不一定就会导致合作，即信任不是达成合作的充分条件，这是因为，个人可能利用这一点去欺骗对方、为自己谋取更大的利益。Karpus 等的研究也表明，虽然人相信智能机器会合作，却没有投桃报李，反而选择了背叛，可见在研究人-机博弈时有必要将信任与合作分开来进行考察。

### 四 伦理设计

人对智能机器在道德方面的评价取决于研发人员如何设计与伦理问题有关的决策规则。Bonnefon 等（2020）指出，智能机器越来越多地应用于人类生活，可能做出生死攸关的重要决定，如果其决策规则不符合民众所相信的伦理准则，他们可能干脆放弃使用智能系统，这对智能系统的推广普及是不利的。例如，自动驾驶汽车会面临"电车难题"的讨论，即应当优先保护车内乘客还是路人的安全，或是否应当为了挽救多数人而牺牲少数人的生命等，如果消费者不满意厂商的优先级设计，就不会购买其产品。又如，判决算法一直为人诟病的是对不同族裔群体会有不同的虚报率和漏报率，但二者又是此消彼长、很难兼顾的，使用方不得不做出权衡，对此民众如果觉得不公平，就会抵制算法的应用。据此，Bonnefon等提醒，智能机器不能缺少伦理设计。

最初，研发AI的目标主要是提升人类的福祉。2017年由几千名来自各界的专家共同签署的阿西洛马AI原则（Asilomar AI Principles）倡导，AI应当朝着有益于人类的方向发展，惠及并服务于尽可能多的人，符合人类的价值观（如重视人的尊严、权利、自由及文化多样性等），同时，由AI创造的经济利益也应该被广泛地分享、惠及全人类。不少研究已经表明，如果人们认为基于AI的算法是友善的，就会更加信任算法（Cabiddu et al.，2022）。

然而，随着市场竞争加剧，组织的目标在发生改变，设计取向可能趋向于功利化。例如，社交平台会想方设法地提高用户的活跃度，否则可能被竞争对手超越甚至倒闭，智能系统的自主学习也可能产生意想不到的消极后果，如招聘算法从训练数据中习得了带有性别或种族歧视的模式（Rahwan et al.，2019）。Mathur等（2019）对上千家购物网站的研究发现，不少平台的交互界面采用了诱导和操控用户多加消费的"暗黑模式"，可归纳为7大类15种模式，如自动续订、社会说服、营造时间紧迫感、"饥饿"营销、价格误导、加入容易取消难、不接受条款就无法使用等。根据科吉列娃等（Kozyreva et al.，2020）的总结，数字化的信息环境对人们构成了四个方面的挑战，即操纵人的选择、AI筛选信息、传播虚假信息以及抢占人的注意力，其中，AI的功能并不完全有利于人们省时省力地获取有用的信息，实际上，自动过滤的新闻或经过排序的搜索结果可能让人只注意到狭隘而片面的内容、受限于"信息气泡"，定向广告或个性化推荐也会加深用户先前的偏见，并且这很有可能是在侵犯用户隐私基础上实现的，但平台往往会为了追求经济目的而疏于管理甚至故意为之。这些都提示，组织在设计智能系统时可能偏离造福人类、公平公正的初衷，更加追求为己方谋取最大的利益（如利润、公共形象、用户活跃度等）。

Dietvorst和Bartels（2022）指出，追求回报的最大化符合伦理学中的结果论（consequentialism），这种观点主张对行为的道德判断只取决于结果，其中最有名的是18世纪的英国哲学家边沁提倡的功利主义（utilitarianism），其认为行为应当增加最多的总体福利，却不关注过程或其他因素。

显然，除了上述的商业利益最大化，人们还可能预期智能系统会做出其他的功利主义选择。仍以自动驾驶汽车为例，调查显示，作为旁观者时，多数人认为它会牺牲少数车内乘客的生命来挽救更多的路人（Bonnefon et al.，2016）。与结果论相对立的是道义论（deontology），倡导者为18世纪的德国哲学家康德，其认为行为是否道德取决于行为本身是否符合人们的责任、权利、义务，如行为不能违反"不伤害他人"的准则，同时，行为也应产生于公正的过程，显然，"黑箱"式的智能机器很难让人理解它们遵循或违背了哪些道德准则。

假如人们对智能机器的伦理设计取向形成了消极的认知，在人机互动的情境下就有可能出现较低的预期与合作行为。实际上，已有研究揭示，功利主义也是导致前面所述的算法厌恶的原因之一。Dietvorst和Bartels（2022）指出，不少常用算法的设计确实遵循的是最优化规则，人们在使用过程中也就强化了这样的预期，即算法追求的是回报的最大化，他们的研究结果证实，在越是牵涉到道德方面权衡的领域，人们越不愿意采用算法来替代人类决策者。Lourenço等（2020）也发现，对退休储蓄计划这种重要决策，提供算法建议的组织是否利润导向或售卖相关的金融产品会影响人们对建议的接受度，其作用机制在于，相比非营利组织（如养老基金），人们更不信任来自营利性组织（如保险公司）的算法建议，此外，人们更满意仅提供咨询服务而不销售金融产品的组织的算法建议。据此可以推测，在需要人机合作的情境下，那些认为智能系统趋向功利化的人会比相信它注重提升人类福祉的人表现出更低的合作预期和行为。正如前述de Melo和Terada（2020）的研究结果所提示的，人们更看重的还是对手的实际行动以及对切身利益的影响，改进智能机器的伦理设计可能才是促进合作的关键因素，表面上显得友好其实作用有限。

进一步地，如果不注重智能机器的伦理设计，还有可能被某些人利用以实施不道德的行为，进而加深民众对机器的消极认知。Köbis等（2021）指出，在人与智能机器的互动中，它们可能充当四种角色：榜样、建议者、合作者及代理者。也就是说，机器可能通过不好的示范或提供有害的建议而产生不良的影响，同时，也可能通过参与不道德的行动甚至代表人们去执行欺诈而起到实际的推动作用。例如，网络卖家可能模仿交易算法的操纵式策略去牟取不正当利益，消费者可能接受算法的推荐而购买有害的产品，学生可能让聊天机器人代写论文，商家可能让自动化算法针对不同的人群进行价格操纵等。其中尤其值得关注的是，当智能机器作为代理者去实施不道德行为时，由于其匿名性、规模性且难以追踪，可能产生广泛的危害，如机器能高效地生成大量的虚假账户去发布虚假或欺诈的信息，有时人们也可能事先并未意识到机器代理的行动会带来怎样的不良后果。无论如何，有了机器的协作，人们很容易推卸责任，也更不容易产生内疚等消极情绪。据此，Köbis 等（2021）建议，除了关注智能机器本身的运行需要顾及的伦理规则，还应考察它们如何与人联合起来做出不道德的选择。

## 五　道德两难与常识

根据 Bonnefon 等（2020）的建议，为了开展对智能机器的伦理设计，首先可以借鉴道德心理学的研究方法，通过改编一些有代表性的道德两难问题去调查大众的偏好，或者明确列出算法决策的规则及其优先顺序并征询人们的意见。例如，"电车难题"是普通人也能理解的两难困境，尽管有批评者认为此类问题太过简化且不现实，但相关的讨论确实唤起了大众对自动驾驶汽车伦理问题的关注，同时能反映出不同人所持有的最基本的道德观。至于判决算法这样的问题还会涉及更复杂的权衡，就更需要设计出通俗易懂的情境去加以研究。无论如何，智能机器研发人员不要想当然地以为大众的期望不重要或专家的意见就能代表大众。Bonnefon 等（2020）还指出，有关自动驾驶汽车伦理问题这样的调查研究并不是浪费资源，相比技术研发上的巨大投入而言花费不多且非常值得，而对判决算法等已经投入使用的智能系统，也不要对伦理上的争议视而不见，否则可能前功尽弃。同时，研究者还用实验证据表明，以前是否听说过"电车难题"对人们购买自动驾驶汽车的意愿或安全预期没有不良影响。也就是说，有关伦理问题的探讨并不会对公众造成过度惊吓，反而可以让人们更多地了解智能机器面临的权衡，消除负面的媒体报道带来的一些误解。

不过，Ryazanov 等（2021）指出，"电车难题"式的探讨有一个不太现实的设定，即不同行动产生的后果是确定的（一定会生或死），但现实环境中经常出现的不是这种非此即彼的选择，并且每种选择的后果一般是概率性的，例如，车辆闪避前方的两个行人，致使旁边的 4 个行人受撞击伤亡的可能性从 0 增至 25% 或者从 75% 增至 100%。他们的研究结果显示，人们更在乎的不是伤亡概率增加的幅度大小或初始的伤亡概率是多少，而是最终的概率是否靠近死亡那一端。例如，为了拯救前方的两个行人，相比让旁边 4 个行人受伤害的概率从 0 增至 25%，从 75% 增至 100% 的行动方案会让决策者更不赞同，尽管增幅相等。可见，人们对伤亡概率变化指向的方位非常敏感。更有甚者，在单独评价不同方案的可行性时，人们会认为伤亡概率从 75% 增至 100% 与从 0 增至 75% 的方案是等价的，而在同时评价不同方案的可行性时，人们的期望值会变得更高，认为从 0 增至 95% 与从 95% 增至 100% 的方案才是等价的。这些结果提示，人们不是基于表面上的预期价值来进行比较的，也不是完全追求功利主义的，而可能更相信人有不受伤害的权利，同时也没有伤害他人而让自己受益的权利。据此，研究者建议，在研究自动驾驶汽车的伦理设计时，可以将问题情境改变为概率性的，而在评估行动方案时，除了伤亡概率的变化幅度，更应关注最终的伤亡概率值，这样将更符合大众的道德观。

另外有一种观点更关注与常识有关的智能机器伦理设计。De Freitas 等 (2021) 提出，"电车难题"之类极端且少见的情境对自动驾驶汽车伦理设计的参考价值十分有限（实际上也被厂商直接忽视），采用那些更加常见、频繁发生的场景来进行测试才是更有现实意义的，即应当关注自动驾驶汽车是否具有处理日常各种状况的常识（common sense），以达到安全、舒适、合理、一致、可预测且可理解的驾驶表现。具体而言，常识意味着对物理和社会环境都有合乎常理且快速的直觉反应，例如，在道路上能根据物体的运动和他人的心理来推测要如何应对，或者在特殊情况下为了避免伤害可以不墨守成规等。De Freitas 等建议，为了测试道路上的常识，可以设计一系列从低风险到高风险的情境，前者经常发生但一般不会导致伤亡（例如，如何避让地上的物体又不会影响其他行驶的车辆），后者少有发生但会出现无法避免的碰撞，极端情形就是"电车难题"之类的情境。如果自动驾驶汽车能通过这一系列考验，可以判断它们具备了基本的常识。技术人员在纳入伦理规则时也可以先从低风险的情境着手，在解决简单、不涉及生死的权衡之后循序渐进，直至能够处理复杂的两难问题。此外，为了适应广泛的情境，可以基于伦理规则的优先级而不是后果计算来给出选择，例如，避免伤害到人的规则优先于遵守规定，后者又优先于采取最快的路线等。最后需要注意的是，常识测试应整合进汽车的道路测试之中，不是一劳永逸的操作，而是要在研发、推广、运行的过程中持续进行测试并改进，这样将有助于提升消费者的信心。总而言之，De Freitas 等认为，自动驾驶汽车应对常见情境的伦理规则是制造商、立法机构及社会大众共同关注的问题，也需要共同的努力去加以解决。

实际上，从自动驾驶汽车这个典型例子可以看出，智能机器是否具备常识是影响其现实中推广应用的重要因素。Mitchell（2021）指出，既然智能机器需要与人类进行互动与协作，就不得不具备像人类一样的常识，常识就像是宇宙中的暗物质，不可捉摸却无处不在发挥作用。她同样强调，常识作为人对外部世界的基本知识，可以帮助人应对所遭遇的各种情境并选择适当的行为，人类从婴儿时期起就不断在学习、发展各方面的常识，人类还天生就具备一些关于时间、空间、因果关系、物理运动以及识别生命体与无生命体的直觉，还有进行抽象概括、类比推理的能力。如何让智能机器获得常识是 AI 研发人员希望攻克的前沿问题，也许可以借鉴儿童发展的过程来逐渐培养机器的常识，这也是所谓"智能"的重要组成部分。

由上可见，研究与加强人与智能机器的合作具有重要意义，可以借鉴有关人际合作的研究成果，同时也需要注意智能机器不同于人类的特征并深入考察其影响。随着技术发展日新月异，关于人工智能究竟是造福人类还是会构成威胁的争议或许不会停歇，无论如何，这样的讨论可以不断提醒人类，科学技术是把"双刃剑"，在研发、应用技术的同时，还要重视并管控潜在的风险。正如社会学家贝克（Beck，1992/2018）所言，现代社会面临的最大风险，可能不是自然灾害，而是人类自己的发明所带来的风险。

总而言之，算法与人类决策的竞赛不会停止，在各自擅长的领地都会得分。决策研究的先驱西蒙以问题为中心，打破了学科的界限，成为横跨经济学、认知心理学与人工智能的专家，指出了重视启发式的研究方向。继承了西蒙的思想，快速节俭启发式和生态理性的倡导者吉仁泽（Gigerenzer，2022）对人类的智慧很有信心，详细分析了为什么在不确定的世界中智能机器不可能超过并取代人类。展望未来，决策研究不仅要继续发掘人在漫长进化过程中形成的简捷策略，还要关注被智能技术改变了的外部世界以及人的聪明才智如何与技术共同进步，这样才能提供更有价值的建议，帮助人类自信地应对不可预知的未来。

# 参考文献

埃利奥特·阿伦森.(2012).绝非偶然：社会心理学家阿伦森自传（沈捷译）.杭州：浙江人民出版社.

陈欣,叶浩生.(2007).两难中合作行为研究的回顾和展望.心理科学进展,15,743-748.

丁毅,纪婷婷,陈旭.(2015).社会两难情境下的合作选择：自我利益和集体利益间的权衡.心理学探新,35,159-164.

樊亚凤,蒋晶,崔稳权.(2019).网络公益平台默认选项设置对个人捐赠意愿的影响及作用机制.心理学报,51,415-427.

高山川,王燕.(2018).世界大学排名比较中的再认启发式和线索推断.心理学探新,38,136-141.

Gerd Gigerenzer,栾胜华,刘永芳.(2019).人非理性且难教化？论支持自由家长主义的证据.心理学报,51,395-406.

江程铭,马家涛,孙红月.(2019).助推爱心：利用默认选项促进捐赠行为.心理科学,42,1174-1179.

刘建民,李海垒,张文新.(2016).行为决策中的描述-经验差距：信息加工角度的解释.心理科学进展,24,1623-1635.

刘腾飞,徐富明,马红宇,马向阳,吴修良.(2012).行为决策研究的新取向——基于经验的决策.心理科学进展,20,1068-1079.

刘永芳.(2009).快速节俭启发式——相关争议与简短评论.心理科学进展,17,885-892.

刘永芳,Gerd Gigerenzer,Peter M. Todd.(2003).快速节俭启发式——基于有限理性和生态理性的简单决策规则.心理科学,26,56-59.

刘永芳, 哥德·吉戈伦尔, 彼得·M. 托德. (2004). 理性观的革命: 从无限理性到快速节俭启发式. 陕西师范大学学报 (哲学社会科学版), 33, 112-116.

龙立荣, 黄小华. (2006). 大学生择业的社会生态模型: 环境的力量. 高等教育研究, 27 (8), 62-69.

任天虹, 胡志善, 孙红月, 刘扬, 李纾. (2015). 选择与坚持: 跨期选择与延迟满足之比较. 心理科学进展, 23, 303-315.

孙红月, 江程铭. (2016). 跨期决策是基于选项还是基于维度? 心理科学进展, 24, 431-437.

王小章, 郭本禹. (1998). 潜意识的诠释——从弗洛伊德主义到后弗洛伊德主义. 北京: 中国社会科学出版社.

汪祚军, 李纾. (2012). 对整合模型和占优启发式模型的检验: 基于信息加工过程的眼动研究证据. 心理学报, 44, 179-198.

熊承清, 许佳颖, 马丹阳, 刘永芳. (2021). 囚徒困境博弈中对手面部表情对合作行为的影响及其作用机制. 心理学报, 53, 919-933.

徐传胜. (2004). 概率论与红楼梦. 数学通报, (1), 36-38.

徐传胜. (2010). 从博弈问题到方法论学科——概率论发展史研究. 北京: 科学出版社.

岳昌君. (2012). 我国阶梯型劳动力市场中的高校毕业生就业结构与对策. 中国高等教育, (6), 38-40.

赵宁, 刘鑫, 李纾, 郑蕊. (2022). 默认选项设置的助推效果: 来自元分析的证据. 心理科学进展, 30, 1230-1241.

周广方, 魏子晗, 欧阳良媛. (2022). 描述信息与经验不一致对个体风险选择的影响: 决策模型的拟合. 心理与行为研究, 20, 29-36.

朱富强. (2011). 现代经济学中人性假设的心理学基础及其问题——"经济人"假设与"为己利他"行为机理的比较. 经济学家, (3), 49-58.

Aikman, D., Galesic, M., Gigerenzer, G., Kapadia, S., Katsikopoulos, K., Kothiyal, A., ... & Neumann, T. (2021). Taking uncertainty seriously: Simplicity versus complexity in financial regulation. *Industrial and Corporate Change*, 30, 317-345.

Alexander, V., Blinder, C., & Zak, P. J. (2018). Why trust an algorithm?

Performance, cognition, and neurophysiology. *Computers in Human Behavior*, 89, 279-288.

Amlung, M., Petker, T., Jackson, J., Balodis, I., & MacKillop, J. (2016). Steep discounting of delayed monetary and food rewards in obesity: A meta-analysis. *Psychological Medicine*, 46, 2423-2434.

Angwin, J., Larson, J., Mattu, S., & Kirchner, L. (2016). *Machine bias*. ProPublica.

Arkes, H. R., Gigerenzer, G., & Hertwig, R. (2016). How bad is incoherence? *Decision*, 3, 20-39.

Arshad, A., Anderson, B., & Sharif, A. (2019). Comparison of organ donation and transplantation rates between opt-out and opt-in systems. *Kidney International*, 95, 1453-1460.

Arslan, R. C., Brümmer, M., Dohmen, T., Drewelies, J., Hertwig, R., & Wagner, G. G. (2020). How people know their risk preference. *Scientific Reports*, 10, 15365.

Axelrod, R. (1984). *The evolution of cooperation*. New York: Basic Books.

Baer, N., Barry, E., & Smith, G. (2019). The name game: The importance of resourcefulness, ruses, and recall in stock ticker symbols. *The Quarterly Review of Economics and Finance*, 76, 410-413.

Ballard, T., Luckman, A., & Konstantinidis, E. (2023). A systematic investigation into the reliability of inter-temporal choice model parameters. *Psychonomic Bulletin & Review*, 30, 1294-1322.

Barron, G., Leider, S., & Stack, J. (2008). The effect of safe experience on a warnings' impact: Sex, drugs, and rock-n-roll. *Organizational Behavior and Human Decision Processes*, 106, 125-142.

Bechara, A., Damasio, A. R., Damasio, H., & Anderson, S. W. (1994). Insensitivity to future consequences following damage to human prefrontal cortex. *Cognition*, 50, 7-15.

Beck, U. (1992). *Risk Society: Towards a new modernity*. London: Sage. [贝克, U. (2018). 风险社会 (张文杰, 何博闻译). 南京: 译林出版社.]

Becker, G. S. (1976). *The economic approach to human behavior*. Chicago:

University of Chicago press.

［贝克尔，G. S.（1995）. 人类行为的经济分析（王业宇，陈琪 译）. 上海三联书店、上海人民出版社.］

Bennis, W. M., & Pachur T. (2006). Fast and frugal heuristics in sports. *Psychology of Sport and Exercise*, 7, 611-629.

Berg, N., & Gigerenzer, G. (2010). As-if behavioral economics: Neoclassical economics in disguise? *History of Economic Ideas*, 18, 133-165.

Bergert, F. B., & Nosofsky, R. M. (2007). A response-time approach to comparing generalized rational and take-the-best models of decision making. *Journal of Experimental Psychology: Learning, Memory, and Cognition*, 33, 107-129.

Bergram, K., Djokovic, M., Bezençon, V., & Holzer, A. (2022). The digital landscape of nudging: A systematic literature review of empirical research on digital nudges. In *Proceedings of the 2022 CHI Conference on Human Factors in Computing Systems* (pp. 1-16).

Bernoulli, D. (1954). Exposition of a New Theory on the Measurement of Risk. *Econometrica*, 22, 23-26. (Original work published 1738)

Biswas, D., Biswas, A., & Das, N. (2006). The differential effects of celebrity and expert endorsements on consumer risk perceptions. *The role of consumer knowledge, perceived congruency, and product technology orientation. Journal of Advertising*, 35, 17-31.

Blais, A. R., & Weber, E. U. (2006). A Domain-Specific Risk-Taking (DOSPERT) scale for adult populations. *Judgment and Decision Making*, 1, 33-47.

Bonnefon, J. F., Shariff, A., & Rahwan, I. (2016). The social dilemma of autonomous vehicles. *Science*, 352, 1573-1576.

Bonnefon, J. F., Shariff, A., & Rahwan, I. (2020). The moral psychology of AI and the ethical opt-out problem. In S. M. Liao (Ed.), *Ethics of Artificial Intelligence* (pp. 109-126). New York: Oxford University Press.

Borges, B., Goldstein, D. G., Ortmann, A., & Gigerenzer, G. (1999). Can ignorance beat the stock market? In G. Gigerenzer, P. M. Todd, & the ABC

Research Group (Eds.), *Simple heuristics that make us smart* (pp. 59-72). New York: Oxford University Press.

Boyd, R., & Richerson, P. J. (2005). *The origin and evolution of cultures*. New York: Oxford University Press.

Bradbury, M. A. S., Hens, T., & Zeisberger, S. (2015). Improving investment decisions with simulated experience. *Review of Finance*, 19, 1019-1052.

Brandstätter, E., Gigerenzer, G., & Hertwig, R. (2006). The priority heuristic: Making choices without trade-offs. *Psychological Review*, 113, 409-432.

Brighton, H., & Gigerenzer, G. (2015). The bias bias. *Journal of Business Research*, 68, 1772-1784.

Bröder, A. (2012). The quest for take-the-best: Insights and outlooks from experimental research. In P. M. Todd, & G. Gigerenzer (Eds.), *Ecological rationality: Intelligence in the world* (pp. 216-240). New York: Oxford University Press.

Brown, C. L., & Krishna, A. (2004). The skeptical shopper: A metacognitive account for effects of defaults options on choice. *Journal of Consumer Research*, 31, 529-539.

Bruni, L., & Sugden, R. (2007). The road not taken: How psychology was removed from economics, and how it might be brought back. *The Economic Journal*, 117, 146-173.

Brunswik, E. (1952). *The conceptual framework of psychology*. Chicago: University of Chicago Press.

Brunswik, E. (1955). Representative design and probabilistic theory in a functional psychology. *Psychological Review*, 62, 193-217.

Brunswik, E. (1957). Scope and aspects of the cognitive problem. In K. R. Hammond, & T. R. Stewart (Eds.), *The essential Brunswik: Beginnings, explications, applications* (pp. 300-312). New York: Oxford University Press.

Burton, J. W., Stein, M., & Jensen, T. B. (2020). A systematic review of algorithm aversion in augmented decision making. *Journal of Behavioral*

*Decision Making*, 33, 220-239.

Cabiddu, F., Moi, L., Patriotta, G., & Allen, D. G. (2022). Why do users trust algorithms? A review and conceptualization of initial trust and trust over time. *European Management Journal*, 40, 685-706.

Callison, C. (2001). Do PR practitioners have a PR problem? The effect of associating a source with public relations and client-negative news on audience perception of credibility. *Journal of Public Relations Research*, 13, 219-234.

Camilleri, A. R. (2017). The presentation format of review score information influences consumer preferences through the attribution of outlier reviews. *Journal of Interactive Marketing*, 39, 1-14.

Case, K. R., Lazard, A. J., Mackert, M. S., & Perry, C. L. (2018). Source credibility and e-cigarette attitudes: Implications for tobacco communication. *Health Communication*, 33, 1059-1067.

Castelo, N., Bos, M. W., & Lehmann, D. R. (2019). Task-dependent algorithm aversion. *Journal of Marketing Research*, 56, 809-825.

Chaminade, T., Rosset, D., Da Fonseca, D., Nazarian, B., Lutcher, E., Cheng, G., & Deruelle, C. (2012). How do we think machines think? An fMRI study of alleged competition with an artificial intelligence. *Frontiers in Human Neuroscience*, 6, 103-111.

Chapman, J., Snowberg, E., Wang, S., & Camerer, C. (2018). *Loss attitudes in the US population: Evidence from dynamically optimized sequential experimentation (DOSE)* (No. w25072). National Bureau of Economic Research.

Chapman, J., Snowberg, E., Wang, S. W., & Camerer, C. (2022). *Looming large or seeming small? Attitudes towards losses in a representative sample* (No. w30243). National Bureau of Economic Research.

Cialdini, R. B., & Trost, M. R. (1998). Social influence: Social norms, conformity, and compliance. In D. T. Gilbert, S. T. Fiske, & G. Lindzey (Eds.), *The handbook of social psychology* (pp. 151-192). New York: McGraw-Hill.

Cokely, E. T., Feltz, A., Ghazal, S., Allan, J., Petrova, D., & Garcia-Retamero, R. (2018). Decision making skill: From intelligence to numeracy and expertise. In K. Ericsson, R. Hoffman, A. Kozbelt, & A. Williams (Eds.), *Cambridge handbook of expertise and expert performance* (pp. 476–505). New York: Cambridge University Press.

Cokely, E. T., Galesic, M., Schulz, E., Ghazal, S., & Garcia-Retamero, R. (2012). Measuring risk literacy: The Berlin numeracy test. *Judgment and Decision making*, 7, 25–47.

Cosmides, L. (1989). The logic of social exchange: Has natural selection shaped how humans reason? Studies with the Wason selection task. *Cognition*, 31, 187–276.

Cosmides, L., & Tooby, J. (1992). Cognitive adaptations for social exchange. In J. H. Barkow, L. Cosmides, & J. Tooby (Eds.), *The adapted mind: Evolutionary psychology and the generation of culture* (pp. 163–228). Oxford University Press.

Cosmides, L., & Tooby, J. (1996). Are humans good intuitive statisticians after all? Rethinking some conclusions of the literature on judgment under uncertainty. *Cognition*, 58, 1–73.

Cotton, J. L., O'neill, B. S., & Griffin, A. (2008). The "name game": Affective and hiring reactions to first names. *Journal of Managerial Psychology*, 23, 18–39.

Czerlinski, J., Gigerenzer, G., & Goldstein, D. G. (1999). How good are simple heuristics? In G. Gigerenzer, P. M. Todd, & the ABC Research Group, *Simple heuristics that make us smart* (pp. 97–118). New York: Oxford University Press.

Dai, J., Pachur, T., Pleskac, T. J., & Hertwig, R. (2019a). What the future holds and when: A description-experience gap in intertemporal choice. *Psychological Science*, 30, 1218–1233.

Dai, J., Pachur, T., Pleskac, T. J., & Hertwig, R. (2019b). Tomorrow never knows: Why and how uncertainty matters in intertemporal choice. In R. Hertwig, T. J. Pleskac, T. Pachur, & the Center for Adaptive Rationality, *Taming uncertainty* (pp. 175-190). Cambridge, MA: MIT Press.

Daston, L. (1988). *Classical Probability in the Enlightenment.* Princeton, NJ: Princeton University Press.

Davidai, S., Gilovich, T., & Ross, L. D. (2012). The meaning of default options for potential organ donors. *Proceedings of the National Academy of Sciences of the United States of America*, 109, 15201-15205.

Davis, J. N., & Todd, P. M. (1999). Parental investment by decision rules. In G. Gigerenzer, P. M. Todd, & the ABC Research Group, *Simple heuristics that make us smart* (pp. 309-324). New York: Oxford University Press.

Dawes, R. M. (1979). The robust beauty of improper linear models in decision making. *American Psychologist*, 34, 571-582.

de Finetti, B. (1964). Foresight: Its logical laws, its subjective sources. In H. E. Kyburg & H. E. Smokier (Eds.), *Studies in subjective probability* (pp. 93-158). New York: Wiley. (Original work published 1937)

De Freitas, J., Censi, A., Walker Smith, B., Di Lillo, L., Anthony, S. E., & Frazzoli, E. (2021). From driverless dilemmas to more practical commonsense tests for automated vehicles. *Proceedings of the National Academy of Sciences*, 118, e2010202118.

Delgado, M. R., Frank, R. H., & Phelps, E. A. (2005). Perceptions of moral character modulate the neural systems of reward during the trust game. *Nature Neuroscience*, 8, 1611-1618.

de Melo, C. M., Carnevale, P. J., Read, S. J., & Gratch, J. (2014). Reading people's minds from emotion expressions in interdependent decision making. *Journal of Personality and Social Psychology*, 106, 73-88.

de Melo, C. M., Gratch, J., & Carnevale, P. J. (2015). Humans versus computers: Impact of emotion expressions on people's decision making. *IEEE Transactions on Affective Computing*, 6, 127-136.

de Melo, C. M., Kenny, P., & Gratch, J. (2010). Influence of autonomic signals on perception of emotions in embodied agents. *Applied Artificial Intelligence*, 24, 494-509.

de Melo, C. M., Marsella, S., & Gratch, J. (2016). People do not feel guilty about exploiting machines. *ACM Transactions on Computer-Human Interaction*, 23, 1-17.

de Melo, C. M., & Terada, K. (2020). The interplay of emotion expressions and strategy in promoting cooperation in the iterated prisoner's dilemma. *Scientific Reports*, 10, 1-8.

DeMiguel, V., Garlappi, L., & Uppal, R. (2009). Optimal versus naïve diversification: How inefficient is the 1/N portfolio strategy? *Review of Financial Studies*, 22, 1915-1953.

Demski, C., Capstick, S., Pidgeon, N., Sposato, R. G., & Spence, A. (2017). Experience of extreme weather affects climate change mitigation and adaptation responses. *Climatic Change*, 140, 149-164.

Dhami, M. K. (2003). Psychological models of professional decision making. *Psychological Science*, 14, 175-180.

Dieckmann, A., & Rieskamp, J. (2007). The influence of information redundancy on probabilistic inferences. *Memory and Cognition*, 35, 1801-1813.

Dietvorst, B. J., & Bartels, D. M. (2022). Consumers object to algorithms making morally relevant tradeoffs because of algorithms' consequentialist decision strategies. *Journal of Consumer Psychology*, 32, 406-424.

Dietvorst, B. J., & Bharti, S. (2020). People reject algorithms in uncertain decision domains because they have diminishing sensitivity to forecasting error. *Psychological Science*, 31, 1302-1314.

Dietvorst, B. J., Simmons, J. P., & Massey, C. (2015). Algorithm aversion: People erroneously avoid algorithms after seeing them err. *Journal of Experimental Psychology: General*, 144. 114-126.

Dietvorst, B. J., Simmons, J. P., & Massey, C. (2018). Overcoming algorithm aversion: People will use imperfect algorithms if they can (even slightly) modify them. *Management Science*, 64, 1155-1170.

Ding, M., Ross Jr, W. T., & Rao, V. R. (2010). Price as an indicator of quality: Implications for utility and demand functions. *Journal of Retailing*, 86, 69-84.

Dinner, I., Johnson, E. J., Goldstein, D. G., & Liu, K. (2011). Partitioning default effects: Why people choose not to choose. *Journal of Experimental Psychology: Applied*, 17, 332.

Domenighetti, G. , D'Avanzo, B. , Egger, M. , Berrino, F. , Perneger, T. , Mosconi, P. , & Zwahlen, M. (2003). Women's perception of the benefits of mammography screening: Population-based survey in four countries. *International Journal of Epidemiology*, 32, 816-821.

Du, W. , Green, L. , & Myerson, J. (2002). Cross-cultural comparisons of discounting delayed and probabilistic rewards. *The Psychological Record*, 52, 479-492.

Du, X. , Li, J. , & Du, X. (2014). Testing risk-taking behavior in Chinese undergraduate students. *PLoS ONE*, 9, e97989.

Dutt, V. , & Gonzalez, C. (2012). Decisions from experience reduce misconceptions about climate change. *Journal of Environmental Psychology*, 32, 19-29.

Eddy, D. M. (1982). Probabilistic reasoning in clinical medicine: Problems and opportunities. In D. Kahneman, P. Slovic, & A. Tversky (Eds.), *Judgment under uncertainty: Heuristics and biases* (pp. 249-267). Cambridge, UK: Cambridge University Press.

Edwards, W. (1968). Conservatism in human information processing. In B. Kleinmuntz (Ed.), *Formal representation of human judgment* (pp. 17-52). Wiley & Sons.

Edwards, W. (1983). Human cognitive capacities, representativeness, and ground rules for research. In P. Humphreys, O. Svenson, & A. Vari (Eds.), *Analyzing and aiding decision processes* (pp. 507-513). Akademiai Kiado.

Edwards, W. , Lindman, H. , & Phillips, L. D. (1965). Emerging technologies for making decisions. In F. Barron, W. C. Dement, W. Edwards, H. Lindman, L. D. Phillips, J. Olds, & M. Olds (Eds.), *New directions in psychology II* (pp. 261-325). Holt, Rinehart & Winston.

Edwards, W. , Lindman, H. , & Savage, J. (1963). Bayesian statistical inference for psychological research. *Psychological Review*, 70, 193-242.

Elman, J. (1993). Learning and development in neural networks: The importance of starting small. *Cognition*, 48, 71-99.

Epstein, S. Lipson, A., Holstein, C., & Huh, E. (1992). Irrational reactions to negative outcomes: Evidence for two conceptual systems, *Journal of Personality and Social Psychology*, 62, 328-339.

Ericson, K. M. M., White, J. M., Laibson, D., & Cohen, J. D. (2015). Money earlier or later? Simple heuristics explain intertemporal choices better than delay discounting does. *Psychological Science*, 26, 826-833.

Estle, S. J., Green, L., Myerson, J., & Holt, D. D. (2006). Differential effects of amount on *temporal* and probability discounting of gains and losses. *Memory & Cognition*, 34, 914-928.

Estle, S. J., Green, L., Myerson, J., & Holt, D. D. (2007). Discounting of monetary and directly consumable rewards. *Psychological Science*, 18, 58-63.

Everett, J. A., Caviola, L., Kahane, G., Savulescu, J., & Faber, N. S. (2015). Doing good by doing nothing? The role of social norms in explaining default effects in altruistic contexts. *European Journal of Social Psychology*, 45, 230-241.

Fechner, G. T. (1964). *Elemente der Psychophysik.* Amsterdam: Bonset. (Original work published 1860)

Fernandes, D., Lynch Jr, J. G., & Netemeyer, R. G. (2014). Financial literacy, financial education, and downstream financial behaviors. *Management Science*, 60, 1861-1883.

Frederick, S., Loewenstein, G., & O'donoghue, T. (2002). Time discounting and time preference: A critical review. *Journal of Economic Literature*, 40, 351-401.

Fretwell, S., & Lucas, H. (1969). On territorial behavior and other factors influencing habitat distribution in birds. *Acta Biotheroretica*, 19, 16-36.

Freud, S. (1922). *Introductory lectures on Psycho-analysis.* London: George Allen & Unwin.

[弗洛伊德, S. (1986). 精神分析引论 (高觉敷 译). 北京: 商务印书馆.]

Freud, S. (1968). *An outline of Psycho-analysis.* New York: W. W. Norton &

Company.

[弗洛伊德, S. (1987). 精神分析纲要(刘福堂等 译). 合肥: 安徽文艺出版社.]

Frey, R., Pedroni, A., Mata, R., Rieskamp, J., & Hertwig, R. (2017). Risk preference shares the psychometric structure of major psychological traits. *Science Advances*, 3, e1701381.

Fromm, E. (1980). *Greatness and limitations of Freud's thought.* New York: Harper & Row.

[弗洛姆, E. (1986). 弗洛伊德思想的贡献与局限(申荷永 译). 长沙: 湖南人民出版社.]

Gaissmaier, W., Anderson, B.L., & Schulkin, J. (2014). How do physicians provide statistical information about antidepressants to hypothetical patients? *Medical Decision Making*, 34, 206-215.

Gaissmaier, W., & Marewski, J.N. (2011). Forecasting elections with mere recognition from small, lousy samples: A comparison of collective recognition, wisdom of crowds, and representative polls. *Judgment and Decision Making*, 6, 73-88.

Galesic, M., & Garcia-Retamero, R. (2011). Graph literacy: A cross-cultural comparison. *Medical Decision Making*, 31, 444-457.

Garcia-Retamero, R., & Cokely, E.T. (2017). Designing visual aids that promote risk literacy: A systematic review of health research and evidence-based design heuristics. *Human Factors*, 59, 582-627.

Garcia-Retamero, R., Petrova, D., Cokely, E.T., & Joeris, A. (2020). Scientific risk reporting in medical journals can bias expert judgment: Comparing surgeons' risk comprehension across reporting formats. *Journal of Experimental Psychology: Applied*, 26, 283-299.

Garcia-Retamero, R., Sobkow, A., Petrova, D., Garrido, D., & Traczyk, J. (2019). Numeracy and risk literacy: What have we learned so far? *The Spanish Journal of Psychology*, 22, E10, 1-11.

Gati, I. (1986). Making career decisions: A sequential elimination approach. *Journal of Counseling Psychology*, 33, 408-417.

Gigerenzer, G. (1991). How to make cognitive illusions disappear: Beyond "heuristics and biases." In W. Stroebe & M. Hewstone (Eds.), *European Review of Social Psychology* (Vol. 2, pp. 83-115). Chichester, UK: Wiley.

Gigerenzer, G. (2000). *Adaptive thinking: Rationality in the real world.* New York: Oxford University Press.

[吉仁泽, G. (2006). 适应性思维——现实世界中的理性 (刘永芳 译). 上海教育出版社.]

Gigerenzer, G. (2008). Why heuristics work. *Perspectives on Psychological Science*, 3, 20-29.

Gigerenzer, G. (2010). Moral satisficing: Rethinking moral behavior as bounded rationality. *Topics in Cognitive Science*, 2, 528-554.

Gigerenzer, G. (2014). *Risk savvy: How to make good decisions.* New York: Penguin Books.

[吉仁泽, G. (2015). 风险与好的决策 (王晋 译). 北京: 中信出版社.]

Gigerenzer, G. (2022). *How to stay smart in a smart world: Why human intelligence still beats algorithms.* Cambridge, MA: MIT Press.

Gigerenzer, G. (2023a). *The Intelligence of Intuition.* Cambridge, UK: Cambridge University Press.

Gigerenzer, G. (2023b). Psychological AI: Designing algorithms informed by human psychology. *Perspectives on Psychological Science*, 17456916231180597.

Gigerenzer, G., Gaissmaier, W., Kurz-Milcke, E., Schwartz, L. M., & Woloshin, S. (2007). Helping doctors and patients to make sense of health statistics. *Psychological Science in the Public Interest*, 8, 53-96.

Gigerenzer, G., & Goldstein, D. G. (1996). Reasoning the fast and frugal way: Models of bounded rationality. *Psychological Review*, 103, 650-669.

Gigerenzer, G., & Goldstein, D. G. (1999). Betting on one good reason: The Take the Best heuristic. In G. Gigerenzer, P. M. Todd, & the ABC Research Group, *Simple heuristics that make us smart* (pp. 75-95). New York: Oxford University Press.

Gigerenzer, G., & Goldstein, D. G. (2011). The recognition heuristic: A decade of research. *Judgment and Decision Making*, 6, 100-121.

Gigerenzer, G., Hell, W., & Blank, H. (1988). Presentation and content: The use of base rates as a continuous variable. *Journal of Experimental Psychology: Human Perception and Performance*, 14, 513-525.

Gigerenzer, G., Hertwig, R., & Pachur, T. (Eds.). (2011). *Heuristics: The foundations of adaptive behavior*. New York: Oxford University Press.

Gigerenzer, G., Hertwig, R., Van Den Broek, E., Fasolo, B., & Katsikopoulos, K. V. (2005). "A 30% chance of rain tomorrow": How does the public understand probabilistic weather forecasts? *Risk Analysis: An International Journal*, 25, 623-629.

Gigerenzer, G., & Hoffrage, U. (1995). How to improve Bayesian reasoning without instruction: Frequency formats. *Psychological Review*, 102, 684-704.

Gigerenzer, G., Hoffrage, U., & Kleinbölting, H. (1991). Probabilistic mental models: A Brunswikian theory of confidence. *Psychological Review*, 98, 506.

Gigerenzer, G., & Hug, K. (1992). Domain-specific reasoning: Social contracts, cheating, and perspective change. *Cognition*, 43, 127-171.

Gigerenzer, G., & Kurz, E. (2001). Vicarious functioning reconsidered: A fast and frugal lens model. In K. R. Hammond & T. R. Stewart (Eds.), *The essential Brunswik: Beginnings, explications, applications* (pp. 342-347). New York: Oxford University Press.

Gigerenzer, G., Reb, J., & Luan, S. (2022). Smart heuristics for individuals, teams, and organizations. *Annual Review of Organizational Psychology and Organizational Behavior*, 9, 171-198.

Gigerenzer, G., Swijtink, Z., Porter, T., Daston, L., Beatty, J., & Kriiger, L. (1989). *The empire of chance: How probability changed science and everyday life*. Cambridge, UK: Cambridge University Press.

Gigerenzer, G., & Todd, P. M. (1999). Fast and frugal heuristics: The adaptive toolbox. In G. Gigerenzer, P. M. Todd, & the ABC Research Group, *Simple heuristics that make us smart* (pp. 3-34). New York: Oxford University Press.

Gigerenzer, G., Todd, P. M., & the ABC Research Group. (1999). *Simple heuristics that make us smart*. New York: Oxford University Press.

[吉仁泽, G., 托德, P. M., ABC 研究组. (2002). 简捷启发式——让我们更精明 (刘永芳 译). 上海: 华东师大出版社.]

Gillies, D. A. (2000). *Philosophical theories of probability*. London: Routledge.

[吉利斯, D. A. (2012). 概率的哲学理论 (张健丰, 陈晓平 译). 广州: 中山大学出版社.]

Goldstein, D. G., & Gigerenzer, G. (1999). The recognition heuristic: How ignorance makes us smart. In G., Gigerenzer, P. M. Todd, & the ABC Research Group (Eds.), *Simple heuristics that make us smart* (pp. 37–58). New York, NY: Oxford University Press.

Goldstein, D. G., & Gigerenzer, G. (2002). Models of ecological rationality: The recognition heuristic. *Psychological Review*, 109, 75–90.

Goldstein, D. G., & Gigerenzer, G. (2009). Fast and frugal forecasting. *International Journal of Forecasting*, 25, 760–772.

Goswami, I., & Urminsky, O. (2016). When should the ask be a nudge? The effect of default amounts on charitable donations. *Journal of Marketing Research*, 53, 829–846.

Green, L., Fristoe, N., & Myerson, J. (1994). Temporal discounting and preference reversals in choice between delayed outcomes. *Psychonomic Bulletin & Review*, 1, 383–389.

Green, L., Fry, A. F., & Myerson, J. (1994). Discounting of delayed rewards: A life-span comparison. *Psychological Science*, 5, 33–36.

Green, L., & Mehr, D. R. (1997). What alters physicians' decisions to admit to the coronary care unit? *Journal of Family Practice*, 45, 219–227.

Green, L., & Myerson, J. (1996). Exponential versus hyperbolic discounting of delayed outcomes: Risk and waiting time. *American Zoologist*, 36, 496–505.

Green, L., & Myerson, J. (2004). A discounting framework for choice with delayed and probabilistic rewards. *Psychological Bulletin*, 130, 769–792.

Green, L., & Myerson, J. (2013). How many impulsivities? A discounting perspective. *Journal of the Experimental Analysis of Behavior*, 99, 3–13.

Green, L., & Myerson, J. (2019). On the complexity of discounting, choice situations, and people. *Perspectives on Behavior Science*, 42, 433-443.

Haase, N., Betsch, C., & Renkewitz, F. (2015). Source credibility and the biasing effect of narrative information on the perception of vaccination risks. *Journal of Health Communication*, 20, 920-929.

Hacking, I. (1975). *The emergence of probability*. Cambridge, UK: Cambridge University Press.

Hastie, R., & Dawes, R. M. (2009). *Rational choice in an uncertain world: The psychology of judgment and decision making* (2nd ed.). London: Sage Publications.

[海斯蒂, R., 道斯, R. M. (2013). 不确定世界的理性选择——判断与决策心理学(第2版)(谢晓非,李纾等译). 北京: 人民邮电出版社.]

Hastie, R., & Kameda, T. (2005). The robust beauty of majority rules in group decisions. *Psychological Review*, 112, 494-508.

Hsee, C. K., & Weber, E. U. (1997). A fundamental prediction error: Self-others discrepancies in risk preference. *Journal of Experimental Psychology: General*, 126, 45-53.

Hershman, D. J., & Lieb, J. (1998). *Manic depression and creativity*. New York: Prometheus Books.

[赫斯曼, D. J., 李布, J. (2007). 躁狂抑郁多才俊(郭永茂译). 上海三联书店.]

Hertwig, R., Barron, G., Weber, E. U., & Erev, I. (2004). Decisions from experience and the effect of rare events in risky choice. *Psychological Science*, 15, 534-539.

Hertwig, R., Davis, J. N., & Sulloway, F. J. (2002). Parental investment: How an equity motive can produce inequality. *Psychological Bulletin*, 128, 728-745.

Hertwig, R., & Gigerenzer, G. (1999). The "conjunction fallacy" revisited: How intelligent inferences look like reasoning errors. *Journal of Behavioral Decision Making*, 12, 275-305.

Hertwig, R., & Grüne-Yanoff, T. (2017). Nudging and boosting: Steering or empowering good decisions. *Perspectives on Psychological Science*, 12, 973–986.

Hertwig, R., & Herzog, S. M. (2009). Fast and frugal heuristics: Tools of social rationality. *Social Cognition*, 27, 661–698.

Hertwig, R., Herzog, S. M., Schooler, L. J., & Reimer, T. (2008). Fluency heuristic: A model of how the mind exploits a by-product of information retrieval. *Journal of Experimental Psychology: Learning, Memory, and Cognition*, 34, 1191–1206.

Hertwig, R., Hoffrage, U., & the ABC Research Group. (2013). *Simple heuristics in a social world*. Oxford: Oxford University Press.

Hertwig, R., Hogarth, R. M., & Lejarraga, T. (2018). Experience and description: Exploring two paths to knowledge. *Current Directions in Psychological Science*, 27, 123–128.

Hertwig, R., & Pleskac, T. J. (2010). Decisions from experience: Why small samples? *Cognition*, 115, 225–237.

Hertwig, R., Pleskac, T. J., Pachur, T., & The Center for Adaptive Rationality. (2019). *Taming uncertainty*. Cambridge, MA: MIT Press.

Hertwig, R., & Todd, P. M. (2003). More is not always better: The benefits of cognitive limits. In D. Hardman, & L. Macchi (Eds.), *Thinking: Psychological perspectives on reasoning, judgment and decision making* (pp. 213–231). Chichester: Wiley.

Hertwig, R., & Wulff, D. U. (2022). A description-experience framework of the psychology of risk. *Perspectives on Psychological Science*, 17, 631–651.

Hoffart, J. C., Rieskamp, J., & Dutilh, G. (2019). How environmental regularities affect people's information search in probability judgments from experience. *Journal of Experimental Psychology: Learning, Memory, and Cognition*, 45, 219–231.

Holzmeister, F., Huber, J., Kirchler, M., Lindner, F., Weitzel, U., & Zeisberger, S. (2020). What drives risk perception? A global survey with financial professionals and laypeople. *Management Science*, 66, 3977–4002.

Hopko, D. R., Lejuez, C. W., Daughters, S. B., Aklin, W. M., Osborne, A., Simmons, B. L., & Strong, D. R. (2006). Construct validity of the balloon analogue risk task (BART): Relationship with MDMA use by inner-city drug users in residential treatment. *Journal of Psychopathology and Behavioral Assessment*, 28, 95-101.

Hovland, C. I., Janis, I. L., & Kelley, H. H. (1953). *Communication and persuasion: Psychological studies of opinion change.* New Haven, CT: Yale University Press.

Hu, X. & Xie, X. (2012). Validation of the Domain-Specific Risk-Taking Scale in Chinese college students. *Judgment and Decision Making*, 7, 181-188.

Hutchinson, J. M. C., & Gigerenzer, G. (2005). Simple heuristics and rules of thumb: Where psychologists and behavioral biologists might meet. *Behavioral Processes*, 69, 97-124.

Ingendahl, M., Hummel, D., Maedche, A., & Vogel, T. (2021). Who can be nudged? Examining nudging effectiveness in the context of need for cognition and need for uniqueness. *Journal of Consumer Behaviour*, 20, 324-336.

Isaacson, W. (2011). *Steve Jobs.* New York: Simon & Schuster.

[埃萨克森, W. (2011). 史蒂夫·乔布斯传 (管延圻, 魏群, 余倩, 赵萌萌, 汤崧 译). 北京: 中信出版社.]

Ishowo-Oloko, F., Bonnefon, J. F., Soroye, Z., Crandall, J., Rahwan, I., & Rahwan, T. (2019). Behavioural evidence for a transparency-efficiency tradeoff in human-machine cooperation. *Nature Machine Intelligence*, 1, 517-521.

Jachimowicz, J. M., Duncan, S., Weber, E. U., & Johnson, E. J. (2019). When and why defaults influence decisions: A meta-analysis of default effects. *Behavioural Public Policy*, 3, 159-186.

Johnson, E. J., & Goldstein, D. (2003). Do defaults save lives? *Science*, 302, 1338-1339.

Johnson, E. J., Haubl, G., & Keinan, A. (2007). Aspects of endowment: A query theory of value construction. *Journal of Experimental Psychology-Learning Memory & Cognition*, 33, 461-474.

Johnson, J. G., & Raab, M. (2003). Take the first: Option-generation and resulting choices. *Organizational Behavior and Human Decision Processes*, 91, 215-229.

Johnson, M. W., Strickland, J. C., Herrmann, E. S., Dolan, S. B., Cox, D. J., & Berry, M. S. (2021). Sexual discounting: A systematic review of discounting processes and sexual behavior. *Experimental and clinical psychopharmacology*, 29, 711.

Jung, C. G. (1961). *Memories, dreams, reflections.* New York: Random House.

[荣格, C. G. (2005). 荣格自传 (刘国彬, 杨德友 译). 北京: 国际文化出版公司.]

Jussupow, E., Benbasat, I., & Heinzl, A. (2020). Why are we averse towards algorithms? A comprehensive literature review on algorithm aversion.

Justman, S. (1994). Freud and his nephew. *Social research*, 61, 457-476.

Kahneman, D. (2011). *Thinking, fast and slow.* New York: Farrar, Straus & Giroux.

[卡尼曼, D. (2012). 思考, 快与慢 (胡晓姣, 李爱民, 何梦莹 译). 北京: 中信出版社.]

Kahneman, D., Slovic, P., & Tversky, A. (Eds.). (1982). *Judgment under uncertainty: Heuristics and biases.* Cambridge, UK: Cambridge University Press.

Kahneman, D., & Tversky, A. (1973). On the psychology of prediction. *Psychological Review*, 80, 237-251.

Kahneman, D., & Tversky, A. (1979). Prospect theory: An analysis of decision under risk. *Econometrica*, 47, 263-291.

Kalkstein, D. A., De Lima, F., Brady, S. T., Rozek, C. S., Johnson, E. J., & Walton, G. M. (2022). Defaults are not a panacea: Distinguishing between default effects on choices and on outcomes. *Behavioural Public Policy*, 1-16.

Kareev, Y. (1995). Through a narrow window-working memory capacity and the detection of covariation. *Cognition*, 56, 263-269.

Kareev, Y. (2000). Seven (indeed, plus or minus two) and the detection of correlations. *Psychological Review*, 107, 397-402.

Kareklas, I., Muehling, D. D., & Weber, T. J. (2015). Reexamining health messages in the digital age: A fresh look at source credibility effects. *Journal of Advertising*, 44, 88-104.

Karpus, J., Krueger, A., Verba, J. T., Bahrami, B., & Deroy, O. (2021). Algorithm exploitation: Humans are keen to exploit benevolent AI. *iScience*, 24, 1-16.

Katsikopoulos, K. V., & Canellas, M. (2022). Decoding human behavior with big data? Critical, constructive input from the decision sciences. *AI Magazine*, 43, 126-138.

Katsikopoulos, K. V., Şimşek, Ö., Buckmann, M., & Gigerenzer, G. (2020). *Classification in the wild: The science and art of transparent decision making*. Cambridge, MA: MIT Press.

Katsikopoulos, K. V., Şimşek, Ö., Buckmann, M., & Gigerenzer, G. (2022). Transparent modeling of influenca incidence: Big data or a single data point from psychological theory? *International Journal of Forecasting*, 38, 613-619.

Kaufmann, C., Weber, M., & Haisley, E. (2013). The role of experience sampling and graphical displays on one's investment risk appetite. *Management Science*, 59, 323-340.

Keller, N., & Katsikopoulos, K. V. (2016). On the role of psychological heuristics in operational research; and a demonstration in military stability operations. *European Journal of Operational Research*, 249, 1063-1073.

Keynes, J. M. (1921). *A treatise on probability. The collected writings of John Maynard Keynes* (Vol. Ⅷ). London: Macmillan.

Keynes, J. M. (1936). *The general theory of employment, interest, and money. The Collected writings of John Maynard Keynes* (Vol. Ⅶ). London: Macmillan.

Kirby, K. N., Petry, N. M., & Bickel, W. K. (1999). Heroin addicts have higher discount rates for delayed rewards than non-drug-using controls. *Journal of Experimental Psychology: General*, 128, 78-87.

Knight, F. H. (1921). *Risk, uncertainty and profit*. Washington, DC: Beard

Books.

Köbis, N., Bonnefon, J. F., & Rahwan, I. (2021). Bad machines corrupt good morals. *Nature Human Behaviour*, 5, 679−685.

Konisky, D. M., Hughes, L., & Kaylor, C. H. (2016). Extreme weather events and climate change concern. *Climatic Change*, 134, 533−547.

Konstantinidis, E., Van Ravenzwaaij, D., Güney, S., & Newell, B. R. (2020). Decision now for sure or later with a risk? Modeling risky intertemporal choice as accumulated preference. *Decision*, 91−120.

Kozyreva, A., & Hertwig, R. (2021). The interpretation of uncertainty in ecological rationality. *Synthese*, 198, 1517−1547.

Kozyreva, A., Lewandowsky, S., & Hertwig, R. (2020). Citizens versus the internet: Confronting digital challenges with cognitive tools. *Psychological Science in the Public Interest*, 21, 103−156.

Kozyreva, A., Pleskac, T., Pachur, T., & Hertwig, R. (2019). Interpreting uncertainty: A brief history of not knowing. In R. Hertwig, T. J. Pleskac, T. Pachur, & the Center for Adaptive Rationality (Eds.), *Taming uncertainty* (pp. 343−362). Cambridge, MA: MIT Press.

Krijnen, J. M., Tannenbaum, D., & Fox, C. R. (2017). Choice architecture 2.0: Behavioral policy as an implicit social interaction. *Behavioral Science & Policy*, 3, 1−18.

Kruglanski, A. W., & Gigerenzer, G. (2011). Intuitive and deliberate judgments are based on common principles. *Psychological Review*, 118, 97−109.

Laplace, P. S. (1951). *A philosophical essay on probabilities* (F. W. Truscott & F. L. Emory, Trans.). Dover. (Original work published 1814)

Lejarraga, T., & Hertwig, R. (2021). How experimental methods shaped views on human competence and rationality. *Psychological Bulletin*, 147, 535.

Lejarraga, T., Schulte-Mecklenbeck, M., Pachur, T., & Hertwig, R. (2019). The attention-aversion gap: How allocation of attention relates to loss aversion. *Evolution and Human Behavior*, 40, 457−469.

Lejarraga, T., Woike, J. K., & Hertwig, R. (2016). Description and experience: How experimental investors learn about booms and busts affects their financial risk taking. *Cognition*, 157, 365-383.

Lejuez, C. W., Aklin, W. M., Daughters, S., Zvolensky, M., Kahler, C., & Gwadz, M. (2007). Reliability and validity of the youth version of the Balloon Analogue Risk Task (BART-Y) in the assessment of risk-taking behavior among inner-city adolescents. *Journal of Clinical Child and Adolescent Psychology*, 36, 106-111.

Lejuez, C. W., Aklin, W. M., Jones, H. A., Richards, J. B., Strong, D. R., Kahler, C. W., & Read, J. P. (2003). The balloon analogue risk task (BART) differentiates smokers and nonsmokers. *Experimental and Clinical Psychopharmacology*, 11, 26-33.

Lejuez, C. W., Read, J. P., Kahler, C. W., Richards, J. B., Ramsey, S. E., Stuart, G. L., ... & Brown, R. A. (2002). Evaluation of a behavioral measure of risk taking: The Balloon Analogue Risk Task (BART). *Journal of Experimental Psychology: Applied*, 8, 75-84.

Leong, L. M., Yin, Y. D., & McKenzie, C. R. M. (2020). Exploiting asymmetric signals from choices through default selection. *Psychonomoic Bulletin & Review*, 27, 162-169.

Leuker, C., Pachur, T., Hertwig, R., & Pleskac, T. J. (2018). Exploiting risk-reward structures in decision making under uncertainty. *Cognition*, 175, 186-200.

Leuker, C., Pachur, T., Hertwig, R., & Pleskac, T. J. (2019). Do people exploit risk-reward structures to simplify information processing in risky choice? *Journal of the Economic Science Association*, 5, 76-94.

Leuker, C., Samartzidis, L., Hertwig, R., & Pleskac, T. J. (2020). When money talks: Judging risk and coercion in high-paying clinical trials. *PloS ONE*, 15, e0227898.

Lewis, M. (2017). *The undoing project: A friendship that changed our minds*. New York: W. W. Norton & Company.

[刘易斯, M. (2018). 思维的发现：关于决策与判断的科学（钟莉婷 译）. 北京：中信出版社.]

Li, Y., Hills, T., & Hertwig, R. (2020). A brief history of risk. *Cognition*, 203, 104344.

Li, Y., Johnson, E. J., & Zaval, L. (2011). Local warming: Daily temperature change influences belief in global warming. *Psychological Science*, 22, 454-459.

Lichtenstein, S., Fischhoff, B., & Phillips, L. D. (1982). Calibration of probabilities: The state of the art to 1980. In D. Kahneman, P. Slovic, & A. Tversky (Eds.), *Judgment under uncertainty: Heuristics and biases* (pp. 306-334). Cambridge, UK: Cambridge University Press.

Lin, Y., Osman, M., Harris, A. J., & Read, D. (2018). Underlying wishes and nudged choices. *Journal of Experimental Psychology: Applied*, 24, 459-475.

Lipkus, I. M., Samsa, G., & Rimer, B. K. (2001). General performance on a numeracy scale among highly educated samples. *Medical Decision Making*, 21, 37-44.

Logg, J. M., Minson, J. A., & Moore, D. A. (2019). Algorithm appreciation: People prefer algorithmic to human judgment. *Organizational Behavior and Human Decision Processes*, 151, 90-103.

Longoni, C., Bonezzi, A., & Morewedge, C. K. (2019). Resistance to medical artificial intelligence. *Journal of Consumer Research*, 46, 629-650.

Lourenço, C. J., Dellaert, B. G., & Donkers, B. (2020). Whose algorithm says so: The relationships between type of firm, perceptions of trust and expertise, and the acceptance of financial Robo-advice. *Journal of Interactive Marketing*, 49, 107-124.

Luan, S., Schooler, L. J., & Gigerenzer G. (2011). A signal detection analysis of fast-and-frugal trees. *Psychological. Review*, 118, 316-38.

Luce, R. D., & Raiffa, H. (1957). *Games and decisions: Introduction and critical survey*. New York: Dover Publications.

Luckman, A., Donkin, C., & Newell, B. R. (2017). People wait longer when the alternative is risky: The relation between preferences in risky and inter-temporal choice. *Journal of Behavioral Decision Making*, 30,

1078-1092.

Luckman, A., Donkin, C., & Newell, B. R. (2020). An evaluation and comparison of models of risky intertemporal choice. *Psychological Review*, 127, 1097-1138.

Ludvig, E. A., Madan, C. R., & Spetch, M. L. (2014). Extreme outcomes sway risky decisions from experience. *Journal of Behavioral Decision Making*, 27, 146-156.

Ludvig, E. A., & Spetch, M. L. (2011). Of black swans and tossed coins: Is the description-experience gap in risky choice limited to rare events? *PLoS ONE*, 6, e20262.

Luria, A. R. (1968). *The mind of a mnemonist*. New York: Basic Books.

Macdonald, E. K., & Sharp, B. M. (2000). Brand awareness effects on consumer decision making for a common, repeat purchase product: A replication. *Journal of Business Research*, 48, 5-15.

MacDorman, K. F., Green, R. D., Ho, C. C., & Koch, C. T. (2009). Too real for comfort? Uncanny responses to computer generated faces. *Computers in human behavior*, 25, 695-710.

MacKillop, J., Weafer, J., Gray, J. C., Oshri, A., Palmer, A., & de Wit, H. (2016). The latent structure of impulsivity: Impulsive choice, impulsive action, and impulsive personality traits. *Psychopharmacology*, 233, 3361-3370.

Madrian, B., & Shea, D. (2001). The power of suggestion: Inertia in 401 (k) participation and savings behavior. *Quarterly Journal of Economics*, 116, 11-49.

Mahmud, H., Islam, A. N., Ahmed, S. I., & Smolander, K. (2022). What influences algorithmic decision-making? A systematic literature review on algorithm aversion. *Technological Forecasting and Social Change*, 175, 121390.

Maier, M., Bartoš, F., Stanley, T. D., Shanks, D. R., Harris, A. J., & Wagenmakers, E. J. (2022). No evidence for nudging after adjusting for publication bias. *Proceedings of the National Academy of Sciences*, 119, e2200300119.

Malmendier, U., & Nagel, S. (2011). Depression babies: Do macroeconomic experiences affect risk taking? *The Quarterly Journal of Economics*, 126, 373-416.

March, J. G. (1978). Bounded rationality, ambiguity, and the engineering of choice. *Bell Journal of Economics*, 9, 587-607.

Markiewicz, Ł., & Weber, E. U. (2013). DOSPERT's gambling risk-taking propensity scale predicts excessive stock trading. *Journal of Behavioral Finance*, 14, 65-78.

Martignon, L., & Hoffrage, U. (1999). Why does one-reason decision making work? A case study in ecological rationality. In G. Gigerenzer, P. M. Todd, & the ABC Research Group, *Simple heuristics that make us smart* (pp. 119-140). New York: Oxford University Press.

Martignon, L., & Hoffrage, U. (2002). Fast, frugal, and fit: Simple heuristics for paired comparison. *Theory Decision*, 52, 29-71.

Martignon, L., Katsikopoulos, K. V., & Woike, J. K. (2008). Categorization with limited resources: A family of simple heuristics. *Journal of Mathematical Psychology*, 52, 352-61.

Martin, K. (2019). Designing ethical algorithms. *MIS Quarterly Executive*. 18, 129-142.

Mason, A., Madan, C. R., Simonsen, N., Spetch, M. L., & Ludvig, E. A. (2022). Biased confabulation in risky choice. *Cognition*, 229, 105245.

Mathur, A., Acar, G., Friedman, M. J., Lucherini, E., Mayer, J., Chetty, M., & Narayanan, A. (2019). Dark patterns at scale: Findings from a crawl of 11K shopping websites. *Proceedings of the ACM on Human-Computer Interaction*, 3 (CSCW), 1-32.

Mazur, J. E. (1987). An adjusting procedure for studying delayed reinforcement. In M. L. Commons, J. E. Mazur, J. A. Nevin, & H. Rachlin (Eds.), *Quantitative analyses of behavior: Vol. 5. The effect of delay and of intervening events on reinforcement value* (pp. 55-73). Hillsdale, NJ: Erlbaum.

Meder, B., Fleischhut, N., Krumnau, N. C., & Waldmann, M. R. (2019). How should autonomous cars drive? A preference for defaults in moral judgments under risk and uncertainty. *Risk Analysis*, 39, 295-314.

Meehl, P. E. (1954). *Clinical versus statistical prediction.* Minneapolis, MN: University of Minnesota.

Meehl, P. E., & Rosen, A. (1955). Antecedent probability and the efficiency of psychometric signs, patterns, or cutting scores. *Psychological Bulletin*, 52, 194.

Mejía-Cruz, D., Green, L., Myerson, J., Morales-Chainé, S., & Nieto, J. (2016). Delay and probability discounting by drug-dependent cocaine and marijuana users. *Psychopharmacology*, 233, 2705-2714.

Mertens, S., Herberz, M., Hahnel, U. J., & Brosch, T. (2022). The effectiveness of nudging: A meta-analysis of choice architecture interventions across behavioral domains. *Proceedings of the National Academy of Sciences*, 119, e2107346118.

McCloy, R., Beaman, C. P., & Smith, P. T. (2008). The relative success of recognition-based inference in multichoice decisions. *Cognitive Science*, 32, 1037-1048.

Mccullock, S. P., & Perrault, E. K. (2020). Exploring the effects of source credibility and message framing on STI screening intentions: An application of prospect and protection motivation theory. *Journal of Health Communication*, 25, 1-11.

McDowell, M., & Jacobs, P. (2017). Meta-analysis of the effect of natural frequencies on Bayesian reasoning. *Psychological Bulletin*, 143, 1273-1312.

McGuire, J. T., & Kable, J. W. (2012). Decision makers calibrate behavioral persistence on the basis of time-interval experience. *Cognition*, 124, 216-226.

McGuire, J. T., & Kable, J. W. (2013). Rational temporal predictions can underlie apparent failures to delay gratification. *Psychological Review*, 120, 395-410.

McKenzie, C. R. M., Liersch, M. J., & Finkelstein, S. R. (2006). Recommendations implicit in policy defaults. *Psychological Science*, 17, 414-420.

McKenzie, C. R. M., Sher, S., Leong L. M., & Müller-Trede, J. (2018). Constructed preferences, rationality, and choice architecture. *Review of Behavioral Economics*, 5, 337-360.

Mischel, W., & Ebbesen, E. B. (1970). Attention in delay of gratification. *Journal of Personality and Social Psychology*, 16, 329-337.

Mitchell, M. (2021). Why AI is harder than we think. *arXiv preprint arXiv*, 2104, 12871.

Moody, L., Franck, C., Hatz, L., & Bickel, W. K. (2016). Impulsivity and polysubstance use: A systematic comparison of delay discounting in mono-, dual-, and trisubstance use. *Experimental and Clinical Psychopharmacology*, 24, 30-37.

Myerson, J., Baumann, A. A., & Green, L. (2014). Discounting of delayed rewards: (A) theoretical interpretation of the Kirby questionnaire. *Behavioural processes*, 107, 99-105.

Myerson, J., Baumann, A. A., & Green, L. (2017). Individual differences in delay discounting: Differences are quantitative with gains, but qualitative with losses. *Journal of Behavioral Decision Making*, 30, 359-372.

Myerson, J., & Green, L. (1995). Discounting of delayed rewards: Models of individual choice. *Journal of the Experimental Analysis of Behavior*, 64, 263-276.

Myerson, J., Green, van den Berk-Clark, C., & Grucza, R. A. (2015). Male, but not female, alcohol-dependent African Americans discount delayed gains more steeply than propensity-score matched controls. *Psychopharmacology*, 232, 4493-4503.

Myerson, J., Green, L., & Warusawitharana, M. (2001). Area under the curve as a measure of discounting. *Journal of the Experimental Analysis of Behavior*, 76, 235-243.

Newport, E. L. (1990). Maturational constraints on language learning. *Cognitive Science*, 14, 11-28.

Olschewski, S., Luckman, A., Mason, A., Ludvig, E. A., & Konstantinidis, E. (2024). The future of decisions from experience: Connecting real-world decision problems to cognitive processes. *Perspectives on Psychological Science*, 19, 82-102.

Onay, S., & Öncüler, A. (2007). Intertemporal choice under timing risk: An experimental approach. *Journal of Risk and Uncertainty*, 34, 99-121.

O'Reilly, J., & Aquino, K. (2011). A model of third parties' morally motivated responses to mistreatment in organizations. *Academy of Management Review*, 36, 526-543.

Packard, V. (1957). *The Hidden Persuaders*. London: Penguin Books.

Pascal, B. (1962). *Pensées*. Paris: Editions du Seuil. (Original work published 1669)

Peterson, C. R., & Beach, L. R. (1967). Man as an intuitive statistician. *Psychological Bulletin*, 68, 29-46.

Petrova, D., Cokely, E. T., Sobkow, A., Traczyk, J., Garrido, D., & Garcia-Retamero, R. (2023). Measuring feelings about choices and risks: The Berlin emotional responses to risk instrument (BERRI). *Risk Analysis*, 43, 724-746.

Pichert, D., & Katsikopoulos, K. V. (2008). Green defaults: Information presentation and pro-environmental behavior. *Journal of Environmental Psychology*, 28, 63-73.

Pleskac, T. J., Conradt, L., Leuker, C., & Hertwig, R. (2021). The ecology of competition: A theory of risk-reward environments in adaptive decision making. *Psychological Review*, 128, 315-335.

Pleskac, T. J., & Hertwig, R. (2014). Ecologically rational choice and the structure of the environment. *Journal of Experimental Psychology: General*, 143, 2000-2019.

Pohl, R. F. (2006). Empirical tests of the recognition heuristic. *Journal of Behavioral Decision Making*, 19, 251-271.

Pohl, R. F., Michalkiewicz, M., Erdfelder, E., & Hilbig, B. E. (2017). Use of the recognition heuristic depends on the domain's recognition validity, not on the recognition validity of selected sets of objects. *Memory & Cognition, 45, 776-791.

Popper, K. R. (1959). The propensity interpretation of probability. *The British Journal for The Philosophy of Science*, 10 (37), 25-42.

Pornpitakpan, C. (2004). The persuasiveness of source credibility: A critical review of five decades' evidence. *Journal of Applied Social Psychology*, 34, 243-281.

Raab, M., Gula, B., & Gigerenzer, G. (2012). The hot hand exists in volleyball and is used for allocation decisions. *Journal of Experimental Psycho-logy: Applied*, 18, 81-94.

Rachlin, H., Raineri, A., & Cross, D. (1991). Subjective probability and delay. *Journal of the Experimental Analysis of Behavior*, 55, 233-244.

Rahwan, I., Cebrian, M., Obradovich, N., Bongard, J., Bonnefon, J. F., Breazeal, C., ...& Wellman, M. (2019). Machine behaviour. *Nature*, 568, 477-486.

Rand, D. G., & Nowak, M. A. (2013). Human cooperation. *Trends in Cognitive Sciences*, 17, 413-425.

Rebitschek, F. G., Gigerenzer, G., & Wagner, G. G. (2021). People underestimate the errors made by algorithms for credit scoring and recidivism prediction but accept even fewer errors. *Scientific Reports*, 11, 20171.

Reijula, S., & Hertwig, R. (2022). Self-nudging and the citizen choice architect. *Behavioural Public Policy*, 6, 119-149.

Reimer, T., & Katsikopoulos, K. V. (2004). The use of recognition in group decision-making. *Cognitive Science*, 28, 1009-1029.

Renier, L. A., Mast, M. S., & Bekbergenova, A. (2021). To err is human, not algorithmic-Robust reactions to erring algorithms. *Computers in Human Behavior*, 124, 106879.

Rothbard, M. N. (1995). *Austrian Perspective on the History of Economic Thought* (2 volume set). Ludwig von Mises Institute.

Ryazanov, A. A., Wang, S. T., Rickless, S. C., McKenzie, C. R., & Nelkin, D. K. (2021). Sensitivity to shifts in probability of harm and benefit in moral dilemmas. *Cognition*, 209, 104548.

Saab, A. B., & Botelho, D. (2020). Are organizational buyers rational? Using price heuristics in functional risk judgment. *Industrial Marketing Management*, 85, 141-151.

Samuelson, P. A. (1937). A note on measurement of utility. *The Review of Economic Studies*, 4, 155-161.

Sandoval, E. B., Brandstetter, J., Obaid, M., & Bartneck, C. (2016). Reciprocity in human-robot interaction: A quantitative approach through the prisoner's dilemma and the ultimatum game. *International Journal of Social Robotics*, 8, 303-317.

Sanfey, A. G., Rilling, J. K., Aronson, J. A., Nystrom, L. E., & Cohen, J. D. (2003). The neural basis of economic decision-making in the ultimatum game. *Science*, 300 (5626), 1755-1758.

Savage, L. J. (1954). *The foundations of statistics*. New York: Wiley.

Schooler, L. J., & Hertwig, R. (2005). How forgetting aids heuristic inference. *Psychological Review*, 112, 610-628.

Schulze, C., & Hertwig, R. (2021). A description-experience gap in statistical intuitions: Of smart babies, risk-savvy chimps, intuitive statisticians, and stupid grown-ups. *Cognition*, 210, 104580.

Schulze, C., Hertwig, R., & Pachur, T. (2021). Who you know is what you know: Modeling boundedly rational social sampling. *Journal of Experimental Psychology: General*, 150, 221-241.

Schürmann, O., Frey, R., & Pleskac, T. J. (2019). Mapping risk perceptions in dynamic risk-taking environments. *Journal of Behavioral Decision Making*, 32, 94-105.

Schwartz, B. (2004). *The paradox of choice: Why more is less*. New York: HarperCollins.

[施瓦茨, B. (2013). 选择的悖论: 用心理学解读人的经济行为 (梁嘉歆, 黄子威, 彭珊怡 译). 杭州: 浙江人民出版社.]

Schwartz, L. M. L., Woloshin, S. S., Black, W. C. W., & Welch, H. G. H. (1997). The role of numeracy in understanding the benefit of screening mammography. *Annals of Internal Medicine*, 127, 966-972.

Sedlmeier, P., & Gigerenzer, G. (2001). Teaching Bayesian reasoning in less than two hours. *Journal of Experimental Psychology: General*, 130, 380-400.

Serwe, S., & Frings, C. (2006). Who will win Wimbledon? The recognition heuristic in predicting sports events. *Journal of Behavioral Decision Making*, 19, 321-332.

Shaffer, D. M., & McBeath, M. K. (2002). Baseball outfielders maintain a linear optical trajectory when tracking uncatchable fly balls. *Journal of Experimental Psychology: Human Perception and Performance*, 28, 335-348.

Shou, Y., & Olney, J. (2020). Assessing a domain-specific risk-taking construct: A meta-analysis of reliability of the DOSPERT scale. *Judgment and Decision Making*, 15, 112-134.

Silver, N. (2012). *The signal and the noise: Why most predictions fail-but some don't*. New York: Penguin Press.

［西尔弗, N. (2013). 信号与噪声：大数据时代预测的科学与艺术（胡晓姣, 张新, 朱辰辰 译）. 北京：中信出版社.］

Simon, H. A. (1955). A behavioral model of rational choice. *The Quarterly Journal of Economics*, 69, 99-118.

Simon, H. A. (1956). Rational choice and the structure of environments. *Psychological Review*, 63, 129-138.

Simon, H. A. (1982). *Models of bounded rationality*. Cambridge, MA: MIT Press.

［西蒙, H. A. (2002). 诺贝尔经济学奖获奖者学术精品自选集：西蒙选集（黄涛 译）. 北京：首都经济贸易大学出版社.］

Simon, H. A. (1990). Invariants of human behavior. *Annual review of Psychology*, 41, 1-19.

Simon, H. A. (1996). *The science of the artificial* (3rd ed.). Cambridge, MA: MIT Press.

［司马贺. (2004). 人工科学：复杂性面面观（武夷山 译）. 上海科技教育出版社.］

Simon, H. A. (1996). *Models of my life: The remarkable autobiography of the*

*Nobel prize winning social scientist and father of Artificial Intelligence*. Cambridge, MA：MIT Press.

［西蒙, H. A.（2018）. 科学迷宫里的顽童与大师：赫伯特·西蒙自传（陈丽芳 译）. 北京：中译出版社.］

Simon, H. A.（1997）. *Administrative behavior：A study of decision-making processes in administrative organizations*（4th ed.）. New York：Free Press.

［西蒙, H. A.（2004）. 管理行为（第 4 版）（詹正茂 译）. 北京：机械工业出版社.］

Simon, H. A., & Newell, A.（1958）. Heuristic problem solving：The next advance in operations research. *Operations Research*, 6, 1–10.

Şimşek, Ö.（2013）. Linear decision rule as aspiration for simple decision heuristics. In C. J. C. Burges, L. Bottou, M. Welling, Z. Ghahramani, & K. Q. Weinberger（Eds.）. *Advances in neural information processing systems*（Vol. 26, pp. 2904–2912）. Curran Associates.

Skylark, W. J., Chan, K. T., Farmer, G. D., Gaskin, K. W., & Miller, A. R.（2020）. The delay-reward heuristic：What do people expect in intertemporal choice tasks? *Judgment and Decision Making*, 15, 611–629.

Skylark, W. J., & Prabhu-Naik, S.（2018）. A new test of the risk-reward heuristic. *Judgment and Decision Making*, 13, 73–78.

Sloman, S. A.（1996）. The empirical case for two systems of reasoning. *Psychological Bulletin*, 119, 3–22.

Smith, A.（1776）. *An inquiry into the nature and causes of the wealth of nations*. Oxford, UK：Clarendon Press.

［斯密, A.（1972）. 国民财富的性质和原因的研究（郭大力, 王亚南 译）. 北京：商务印书馆.］

Smith, C. N., Goldstein, D. G., & Johnson, E. J.（2013）. Choice without awareness：Ethical and policy implications of defaults. *Journal of Public Policy and Marketing*, 32, 159–172.

Snook B., Taylor, P. J., & Bennell, C.（2004）. Geographic profiling：The fast, frugal, and accurate way. *Applied Cognitive Psychology*, 18, 105–121.

Steffel, M., Williams, E. F., & Pogacar, R. (2016). Ethically deployed defaults: Transparency and consumer protection through disclosure and preference articulation. *Journal of Marketing Research*, 53, 865-880.

Takahashi, Y., Kayukawa, Y., Terada, K., & Inoue, H. (2021). Emotional expressions of real humanoid robots and their influence on human decision-making in a finite iterated prisoner's dilemma game. *International Journal of Social Robotics*, 13, 1777-1786.

Taleb, N. N. (2007). *The black swan: The impact of the highly improbable.* New York: Random House.

[塔勒布, N. N. (2011). 黑天鹅: 如何应对不可预知的未来 (万丹, 刘宁 译). 北京: 中信出版社.]

Terada, K., & Takeuchi, C. (2017). Emotional expression in simple line drawings of a robot's face leads to higher offers in the ultimatum game. *Frontiers in Psychology*, 8, 724-732.

Thaler, R. H., & Sunstein, C. R. (2009). *Nudge: Improving decisions about health, wealth, and happiness.* New York: Penguin Books.

[泰勒, R. H., 桑斯坦, C. R. (2018). 助推: 如何做出有关健康、财富与幸福的最佳决策 (刘宁 译). 北京: 中信出版社.]

Todd, P. M., & Gigerenzer, G. (2003). Bounding rationality to the world. *Journal of Economic Psychology*, 24, 143-165.

Todd, P. M., Gigerenzer, G., & the ABC Research Group. (2012). *Ecological rationality: Intelligence in the world.* New York: Oxford University Press.

Todd, P. M., & Miller, G. F. (1999). From pride to prejudice to persuasion: Satisficing in mate search. In G. Gigerenzer, P. M. Todd, & the ABC Research Group, *Simple heuristics that make us smart* (pp. 287-08). New York: Oxford University Press.

Tversky, A. (1972). Elimination by aspects: A theory of choice. *Psychological Review*, 79, 281-299.

Tversky, A., & Kahneman, D. (1974). Judgment under uncertainty: Heuristics and biases. *Science*, 185, 1124-1131.

Tversky, A., & Kahneman, D. (1983). Extensional versus intuitive reasoning: The conjunction fallacy in probability judgment. *Psychological Review*, 90, 293-315.

Tversky, A., & Kahneman, D. (1992). Advances in prospect theory: Cumulative representation of uncertainty. *Journal of Risk and Uncertainty*, 5, 297-323.

Ülkümen, G., Fox, C. R., & Malle, B. F. (2016). Two dimensions of subjective uncertainty: Clues from natural language. *Journal of Experimental Psychology: General*, 145, 1280-1297.

Vanderveldt, A., Green, L., & Myerson, J. (2015). Discounting of monetary rewards that are both delayed and probabilistic: Delay and probability combine multiplicatively, not additively. *Journal of Experimental Psychology: Learning, Memory, and Cognition*, 41, 148-162.

Vanderveldt, A., Green, L., & Rachlin, H. (2017). Discounting by probabilistic waiting. *Journal of Behavioral Decision Making*, 30, 39-53.

von Mises, R. (1961). *Probability, statistics and truth*. London: Allen & Unwin. (Original work published 1928)

von Neumann, J., & Morgenstern, O. (1947). *Theory of games and econo-mic behavior*. Princeton, NJ: Princeton University Press.

Wan, H., Myerson, J., & Green, L. (2023). Individual differences in degree of discounting: Do different procedures and measures assess the same construct? *Behavioural Processes*, 208, 104864.

Warner, J. T., & Pleeter, S. (2001). The personal discount rate: Evidence from military downsizing programs. *American Economic Review*, 91, 33-53.

Weber, B. J., & Chapman, G. B. (2005). The combined effects of risk and time on choice: Does uncertainty eliminate the immediacy effect? Does delay eliminate the certainty effect? *Organizational Behavior and Human Decision Processes*, 96, 104-118.

Weber, E. H. (1978). *De subtilitate tactus* [The sense of touch] (H. E. Ross & D. H. Murray, Eds.; H. E. Ross, Trans.). London: Academic Press. (Original work published 1834)

Weber, E. U., Blais, A. R., & Betz, N. E. (2002). A domain-specific risk-attitude scale: Measuring risk perceptions and risk behaviors. *Journal of Behavioral Decision Making*, 15, 263-290.

Weber, E. U., Shafir, S., & Blais, A. R. (2004). Predicting risk sensitivity in humans and lower animals: Risk as variance or coefficient of variation. *Psychological Review*, 111, 430-445.

Weber, E. U., & Stern, P. C. (2011). Public understanding of climate change in the United States. *American Psychologist*, 66, 315-328.

Weinmann, M., Schneider, C., & Brocke, J. V. (2016). Digital nudging. *Business & Information Systems Engineering*, 58, 433-436.

Weiss-Cohen, L., Konstantinidis, E., & Harvey, N. (2021). Timing of descriptions shapes experience-based risky choice. *Journal of Behavioral Decision Making*, 34, 66-84.

Weiss-Cohen, L., Konstantinidis, E., Speekenbrink, M., & Harvey, N. (2016). Incorporating conflicting descriptions into decisions from experience. *Organizational Behavior and Human Decision Processes*, 135, 55-69.

Whiting, T., Gautam, A., Tye, J., Simmons, M., Henstrom, J., Oudah, M., & Crandall, J. W. (2021). Confronting barriers to human-robot cooperation: Balancing efficiency and risk in machine behavior. *iScience*, 24, 1-15.

Wilke, A., Sherman, A., Curdt, B., Mondal, S., Fitzgerald, C., & Kruger, D. J. (2014). An evolutionary domain-specific risk scale. *Evolutionary Behavioral Sciences*, 8, 123-141.

Wübben, M., & von Wangenheim, F. (2008). Instant customer base analysis: Managerial heuristics often "get it right". *Journal of Marketing*, 72, 82-93.

Wulff, D. U., Hills, T. T., & Hertwig, R. (2015). Online product reviews and the description-experience gap. *Journal of Behavioral Decision Making*, 28, 214-223.

Wulff, D. U., Mergenthaler-Canseco, M., & Hertwig, R. (2018). A meta-analytic review of two modes of learning and the description-experience gap. *Psychological Bulletin*, 144, 140–176.

Yechiam, E., Barron, G., & Erev, I. (2005). The role of personal experience in contributing to different patterns of response to rare terrorist attacks. *The Journal of Conflict Resolution*, 49, 430–439.

Yi, R., de la Piedad, X., & Bickel, W. K. (2006). The combined effects of delay and probability in discounting. *Behavioural Processes*, 73, 149–155.

Young, S. D., Monin, B., & Owens, D. (2009). Opt-out testing for stigmatized diseases: A social psychological approach to understanding the potential effect of recommendations for routine HIV testing. *Health Psychology*, 28, 675–681.

图书在版编目(CIP)数据

不确定条件下的风险认知与决策 / 高山川著. --
北京：社会科学文献出版社，2024.10. --（社会转型
与社会治理论丛 / 刘欣主编）. --ISBN 978-7-5228
-4370-4

Ⅰ. C934
中国国家版本馆CIP数据核字第2024HG0561号

社会转型与社会治理论丛
不确定条件下的风险认知与决策

著　　者 / 高山川

出 版 人 / 冀祥德
责任编辑 / 杨桂凤
文稿编辑 / 张真真
责任印制 / 王京美

出　　版 / 社会科学文献出版社·群学分社（010）59367002
　　　　　 地址：北京市北三环中路甲29号院华龙大厦　邮编：100029
　　　　　 网址：www.ssap.com.cn

发　　行 / 社会科学文献出版社（010）59367028
印　　装 / 三河市东方印刷有限公司

规　　格 / 开　本：787mm×1092mm　1/16
　　　　　 印　张：12.5　字　数：205千字
版　　次 / 2024年10月第1版　2024年10月第1次印刷
书　　号 / ISBN 978-7-5228-4370-4
定　　价 / 98.00元

读者服务电话：4008918866

▲ 版权所有 翻印必究